TAMING
THE BLACK SWAN

許多銀行承認，由操作風險引起的損失已經超過數百億美元，而其他未經披露的損失事件可能更為嚴重。

馴化黑天鵝
── 重尾性操作風險的度量精度與管理參數研究

莫建明　高翔 ○著

前 言

18世紀之前，歐洲人堅信天鵝都是白色的，從沒有人質疑過為什麼天鵝不會有其他的顏色。但自從黑天鵝首次在澳大利亞被發現，並由英國博物學家約翰‧萊瑟姆於1790年將該物種介紹給全世界後，這一基於有限經驗和頑固信念的常識就被徹底打破了。野生的黑天鵝並無固定的自然栖息地，它們會根據氣候變化做無規則的遷徙。但隨著人們對其生活習性和喂養方法的逐漸瞭解，黑天鵝的命運也於19世紀初走向了兩個極端：野生的黑天鵝被作為禽肉，曾一度在新西蘭被狩獵到幾近滅絕，而馴化後的黑天鵝則被列為觀賞鳥類引入到了世界各國的動物園中。

黑天鵝從「不存在」到被發現的故事有著深刻的寓意，即每個領域都有可能普遍存在著罕有發生但卻影響深遠，事前難以預測但事後又可解釋、可掌控的標誌性事件。黑天鵝從野生到被獵殺或馴化的故事則有著另外一番意味，即只要能準確地理解這些重大稀有事件，人們是有能力對該類事件進行有效監控和管理的。

在金融史上，黑天鵝事件更是屢見不鮮，通常會引起金融市場的連鎖負面反應，導致整個經濟體進入經濟衰退狀態，甚至在全世界範圍內造成深遠的影響。從統計學的角度來說，黑天鵝事件是一個隨機變量，它的分佈函數具有尾部厚重的特性，即該類事件一般很少發生，但是一旦發生將導致災難性的損失。比如，1929年紐交所「黑色星期二」、1973年中東石油危機、1987年美國「黑色星期一」股災、1997年亞洲金融風暴、2007年次貸危機、2011年歐洲國家債務泥潭等。雖然經濟學家在事後完美地解釋了這些金融危機發生的機

理，監管機構也在事後制訂了相應的預防性政策，但下一次的黑天鵝事件還是會以新的形態再次出現。既然無法逃過黑天鵝的左右，那麼我們如何找到各色天鵝的共性，並嘗試去認識和馴化它們呢？

本書以黑天鵝事件在金融界的典型體現——操作風險事件——為例，從學術角度探討了極端事件的精準識別和度量精度問題，並進一步發現了哪些因素會對黑天鵝事件的監控和管理產生決定性的影響。

在沒有對銀行和其他金融機構造成災難性破壞前，操作風險一直未能得到金融實踐者和監管當局的重視，其直接後果便是一系列嚴重操作風險事件的爆發，例如，1995年的巴林銀行和日本大和銀行魔鬼交易員事件、2008年的法國興業銀行股指期貨產品巨虧、2004年經濟損失高達11.25億元的山西「7·28」特大金融詐騙案、2013年光大證券「烏龍指」事件等。縱觀國際和中國形勢，操作風險度量與管理的技術和手段遠滯後於風險形勢的演變，操作風險已經構成了金融機構生存和發展的最致命威脅，對其實施有效管理已經成為當前一個非常重要而緊迫的任務。

實際上，操作風險是一種很古老的風險，伴隨金融機構的建立而產生，是金融機構業務活動與操作所產生的副產品，是金融機構為獲得收益或降低營運成本而有意承擔的風險。操作風險是與金融機構業務活動密不可分的一種風險，只要存在著業務活動，必然會產生操作風險。最初，由於金融機構業務活動相對簡單，產品也不是很複雜，操作風險沒有對金融機構形成太大威脅，因此，沒有引起金融機構和監管當局的重視和關注。但是，隨著業務活動的日益複雜和各種衍生金融工具的廣泛應用，操作風險也變得越來越大。同時，隨著化解市場風險與信用風險的綜合性產品的日益複雜，風險測量技術也變得日益複雜，這使一部分市場風險和信用風險轉化為操作風險。在當今時代，操作風險已經成為金融機構的重大威脅。

操作風險導致的損失強度一般可分為三類：一般損失、巨大損失和極端損失。其中發生頻率最高的是一般損失，其次是巨大損失，極端損失發生得極少。但對銀行及其他金融機構影響最大的卻是極端損失，其次是巨大損失。對於低頻低危的操作風險事件金融機構一般只會在事後採取危機處理，對於高頻低危的操作風險事件金融機構主要通過內部控制來預防，而金融機構幾乎不可

能在高頻高危操作風險狀態下生存，因此，對銀行及其他金融機構的威脅主要來自低頻高強度損失的操作風險事件，該類事件也因此成了巴塞爾協議監管的主要對象。

　　本書通過對已有操作風險研究文獻的梳理發現，低頻高強度損失的操作風險事件的損失強度具有顯著的重尾性分佈特徵。極值模型法是度量重尾性風險的最佳方法。而目前在業界中，損失分佈法是操作風險的主要度量方法。因此，本書將極值模型法和損失分佈法結合起來，研究了重尾性操作風險的度量精度與管理問題。首先，本書分析了重尾性操作風險度量偏差的影響因素；其次，本書以相關實證研究為基礎，分別在兩類極值模型（BMM類模型和GPD類模型）中選擇典型的重尾分佈即Weibull（威布爾）分佈和Pareto（帕累托）分佈，作為操作損失強度分佈假設，從理論上探討了高置信度下重尾性操作風險的度量精度和關鍵管理參數，並進行了示例分析；最後，本書提出了一種操作損失強度分佈模型的選擇方法。通過以上研究，得到如下創新性結論：

　　（1）本書系統探討了度量偏差的影響因素，發現該偏差的存在具有客觀性。影響因素主要有兩個方面：一是樣本異質性。在內外部損失樣本共享數據庫中，不僅存在損失門檻差異，而且存在機構內外部環境等差異而導致的樣本異質性，從而導致度量偏差。二是度量中存在分佈模型外推問題。操作損失樣本量稀少，導致在高置信度下度量操作風險時，存在分佈模型外推問題。這使度量結果產生不確定性。以上兩方面因素使度量偏差不可忽視。

　　（2）鑒於重尾性操作風險的度量結果在客觀上存在偏差，第三章進一步探討了度量精度。在損失分佈法下，操作風險價值的置信區間長度表徵操作風險的度量精度。通過對該度量精度的系統研究，得出如下結論：①重尾性操作風險度量精度靈敏度的變動僅與形狀參數和頻數參數有關。以彈性分析方法，通過對不確定性傳遞系數靈敏度及其變動的理論研究發現，引起不確定性傳遞系數靈敏度變動的參數僅為形狀參數和頻數參數，與尺度參數無關，這表明在其他條件不變的情況下，重尾性操作風險度量精度的變動僅與形狀參數和頻數參數有關。②以本章建立的理論模型，可判別度量精度的關鍵影響參數。隨特徵參數變動，不僅度量精度會變動，而且其關鍵影響參數也將變化。示例分析驗證了該理論模型的有效性。

（3）從度量的角度判別出對操作風險影響程度最大的特徵參數，並作為關鍵管理參數，將度量模型與管理模型聯繫在一起，使兩模型的整合成為可能，而且可據此建立操作風險動態管理系統。

（4）綜合第三章和第四章的研究結論可知，隨特徵參數變化，操作風險價值及其度量精度都同時變化。據此，提出監管資本提取方式的改進建議：在監管資本置信區間的下限提取監管資本，從置信下限到置信上限，配置以無風險資產。由此使被監管機構在資本配置上具有一定靈活性。

（5）本書在第五章提出了損失強度分佈選擇的一種方法，即以操作風險管理系統靈敏度最大為標準進行選擇。

目　錄

1　緒論／1
    1.1　引言／1
        1.1.1　國際背景／1
        1.1.2　中國背景／3
    1.2　操作風險概念界定／4
    1.3　操作風險度量的基本方法／7
        1.3.1　基本指標法／7
        1.3.2　標準法／8
        1.3.3　高級計量法／9
    1.4　損失分佈法綜述／12
        1.4.1　操作損失數據樣本／13
        1.4.2　內外部損失樣本共享問題／16
        1.4.3　極值模型法在尾部風險度量中的應用／19
    1.5　操作風險管理研究綜述／25
        1.5.1　國外操作風險管理研究現狀／25
        1.5.2　中國操作風險管理研究現狀／27
    1.6　問題提出和研究意義／30
    1.7　研究內容與結構／32
    1.8　主要創新點／33

2 操作風險度量偏差的影響因素 / 35

2.1 引言 / 35

2.2 樣本異質性對分佈模型的影響 / 36

    2.2.1 門檻導致的樣本異質性 / 37

    2.2.2 除門檻外其他因素導致的樣本異質性 / 39

2.3 分佈模型外推導致的偏差 / 41

    2.3.1 樣本內估計操作風險價值 / 42

    2.3.2 樣本外估計操作風險價值 / 43

2.4 本章小結 / 43

3 重尾性操作風險度量精度 / 45

3.1 引言 / 45

3.2 Pareto 分佈下操作風險度量的精度 / 47

    3.2.1 操作風險度量的精度 / 48

    3.2.2 操作風險度量精度及其靈敏度 / 50

    3.2.3 結論 / 70

3.3 Weibull 分佈下操作風險度量的精度 / 71

    3.3.1 操作風險度量的精度 / 71

    3.3.2 操作風險度量精度及其靈敏度 / 72

    3.3.3 結論 / 87

3.4 本章小結 / 88

4 重尾性操作風險關鍵管理參數 / 90

4.1 引言 / 90

4.2 Pareto 分佈下操作風險關鍵管理參數 / 92

    4.2.1 Pareto 分佈下操作風險價值度量 / 92

    4.2.2 關鍵管理參數判別模型 / 92

    4.2.3 示例分析 / 100

    4.2.4 結論 / 105

4.3 Weibull 分佈下操作風險關鍵管理參數 / 106

  4.3.1 Weibull 分佈下操作風險價值度量 / 106

  4.3.2 關鍵管理參數判別模型 / 107

  4.3.3 示例分析 / 117

  4.3.4 結論 / 120

 4.4 本章小結 / 121

5 操作損失強度分佈選擇 / 123

 5.1 引言 / 123

 5.2 操作風險價值度量 / 124

 5.3 操作風險價值靈敏度的比較分析 / 126

 5.4 本章小結 / 131

6 結束語 / 132

 6.1 總結與創新點 / 132

 6.2 研究展望 / 135

參考文獻 / 137

1 緒論

1.1 引言

操作風險是一種很古老的風險，隨金融機構建立而產生，是金融機構業務活動與操作所產生的副產品，是金融機構為獲得收益而有意承擔的風險。操作風險是與金融機構業務活動密不可分的一種風險，只要存在著業務活動，必然會產生操作風險。最初，由於金融機構業務活動相對簡單，產品也不是很複雜，操作風險沒有對金融機構形成太大威脅，因此，沒有引起金融機構和監管當局的重視和關注。但是，隨著業務活動的日益複雜和各種衍生金融工具的廣泛應用，操作風險變得越來越大。同時，隨著化解市場風險與信用風險的綜合性產品的日益複雜，風險測量技術也變得日益複雜，這使一部分市場風險和信用風險轉化為操作風險。因此，在當今時代，操作風險已經成為金融機構的重大威脅。

1.1.1 國際背景

在沒有對銀行和其他金融機構造成災難性破壞前，操作風險一直未能得到金融界的重視，其直接後果是導致一系列操作風險事件的爆發。如：1995年，巴林銀行（英國）交易員私自進行日經指數交易失敗並隱瞞事實，累計造成損失9.27億英鎊，導致巴林銀行破產；1995年，大和銀行（日本）交易員非法進行美國國債交易失敗並掩蓋事實，造成這一事件的原因是職責不明，據推

测大和银行遭受的损失在 11 亿美元以上；1997 年，国民威斯敏斯特银行（英国）交易员违规操纵帐户以隐瞒互换期权交易失败的事实，导致 7,700 万英镑的损失；2002 年，爱尔兰联合银行（爱尔兰）交易员用虚假交易隐瞒外汇交易失败的事实，造成的损失额据公布约为 7.5 亿美元；2004 年，澳大利亚国民银行员工进行越权外汇交易，制造大量虚假交易，致使银行损失 3.6 亿澳元；2005 年，瑞穗银行旗下公司（日本）重大操作失误，致使银行损失 300 亿日元；2008 年，法国兴业银行（法国）因旗下一名交易员私下越权投资金融衍生品，损失金额为 49 亿欧元（约合 71.6 亿美元）；等等。诸多操作风险事件的频发，表明操作风险已经对银行和其他金融机构构成了巨大威胁，因此，业界和理论界对操作风险产生了广泛关注。

操作风险事件的上升趋势已难以逆转。操作风险事件频发与近年来银行和其他金融机构业务活动的日益复杂密不可分。第一，大量高新技术已经渗透到金融的各个领域，极大地提高了银行金融服务效率，但同时也使业务活动变得复杂，管理难度相应增大。如，电子商务的应用可能引起包括外部诈欺在内的系统安全性问题；高科技交易系统的应用将人工操作所带来的风险转变为影响范围更广的系统性风险。第二，信用风险和市场风险管理技术迅速发展，缓释或化解了信用风险和市场风险，却使之转变为操作风险。风险测量技术和产品设计的复杂化，使缓释或化解市场风险与信用风险的综合性产品与实施方法被广泛应用。它们提高了风险管理和控制水平，同时却强化了业务线的复杂性，增大了金融机构管理的难度。第三，金融服务的全球化发展，跨国金融交易和服务使业务线变得复杂，管理难度越来越大。不仅交易系统复杂，而且面临不同的社会制度和法律制度，使金融机构的操作风险暴露大大增加。因此，操作风险正以不同方式、不同程度影响着金融机构的所有产品线，带来的操作损失越来越巨大，这是所有银行和其他金融机构不能迴避的现实问题。操作风险日益成为银行和其他金融机构面对的重要风险。

面对新的经济金融环境，巴塞尔委员会意识到操作风险已经成为金融机构的最致命威胁。由于 1988 年颁布的《巴塞尔协议》仅将信用风险和市场风险纳入监管体系，已经不能适应目前新形势下的金融风险现状。因此，对巴塞尔协议进行修订势在必行。基于此，2004 年 6 月，巴塞尔委员会颁布了新巴塞

爾協議。

1.1.2 中國背景

長期以來，銀監會的工作重點主要放在不良資產的監管上，信用風險成為銀行風險管理的重點。這導致中國銀行業對操作風險的認識、管理、防範控制幾乎還處於初級階段，採取的相關措施也僅限於傳統的櫃面操作風險控制、內部管理、內部控制和「三防一保」工作。

這種狀況導致中國長期以來操作風險事件頻發。如：1993年8月17日，上海證券交易所在交易過程中因控制衛星發射系統的電腦主機板燒壞，行情信息中斷近一個小時，致使北京及全國部分地區證券公司的交易受到影響，損失無法估計；1997年6月，福州市商業銀行（原福州城市合作銀行）馬江支行原行長賀冬玉向合作銀行拆借7,000萬元，擅自決定將其中的3,690萬元拆借資金挪給4家私有公司使用及馬江支行自購股票；1998年5月，原中國銀行南海支行丹竈辦事處信貸員謝炳峰、儲蓄員麥容輝共同貪污公款5,250萬元後潛逃，案發後，原告方追回贓款3,311萬餘元，檢察機關扣押並追回588萬元，但尚有972萬元未能追回；2002年1月6日，中國銀行巴黎第九區分行總值40多萬歐元的歐元現鈔和法郎現金被盜，盜賊破壞了分行相關通信線路，導致中國銀行巴黎第九區分行和十三區支行的互聯網中斷，以致兩處分支機構無法正常營業；2004年山西「7·28」特大金融詐騙案經濟損失高達11.25億元；2005年中行一支行長攜款六億外逃；2006年4月20日，系統故障造成中國銀聯成立4年來首次全國性跨行交易中斷8小時；等等。中國操作風險事件的頻發表明操作風險已成為中國銀行業面臨的主要風險之一。

目前，中國商業銀行改革進入攻堅階段，涉案金額巨大的惡性金融犯罪案件頻發給中國操作風險管理敲響了警鐘，使監管部門以及各商業銀行感到操作風險的度量與管理成為當前最為緊迫的任務。

從表面現象上看，這種風險僅僅與成本相聯繫，但本質上它是金融機構為獲得利潤而主動承擔業務活動的風險。信用風險和市場風險度量得越準確，操作風險對利潤的影響將顯現得越明顯。因此，縱觀上述國際和中國事件可知，操作風險度量與管理的技術與手段遠滯後於風險形勢的演變，操作風險已經構

成了金融機構生存和發展的最致命威脅，對其進行有效管理已經成為當前一個非常重要而緊迫的任務。操作風險的明確界定是度量的前提，而準確度量是有效管理的基礎。基於此，本書將對操作風險的度量精度與管理問題進行深入研究。

1.2 操作風險概念界定

對度量對象的清楚界定，是度量的開始。迄今為止，金融界對操作風險概念的界定仍不完全一致，這主要是由操作風險的複雜性所導致。目前國際上關於操作風險的概念主要有兩類：廣義概念、狹義概念。

操作風險的廣義概念[1]：市場風險和信用風險以外的所有風險都被視為操作風險。這是操作風險的最初定義，該定義的優勢在於涵蓋了一切其他風險中不包含的所有剩餘風險。但其不足之處也很明顯：其一，該定義很模糊，沒有針對性。由該定義出發的風險度量方法只能是自上而下法，這類方法的度量精度不高，風險敏感性很低，從而無法系統指導操作風險管理。其二，採用這種定義有一個前提，即對信用風險和市場風險的界定已經很明確，能很清楚地將這兩種風險和操作風險區別開來。但實際上，導致操作風險的直接因素和間接因素較多，也較複雜。在很多情況下，欲對操作風險和信用風險、市場風險進行明確的區分很困難。

操作風險的狹義概念[2]：只有在金融機構中與業務部門的產品線相關的風險才是操作風險，即由控制、系統以及營運中的錯誤或疏忽而帶來潛在損失的風險，而聲譽、法律、人力資源等方面的風險被排除在操作風險之外。該定義將每個後臺部門的管理重點集中到他們所面臨的主要風險中，使操作風險管理對象變得非常明確，能夠提高管理的有效性。但是，這種定義沒有將在以上分類之外的細分操作風險納入管理，遺漏掉的風險將得不到有效管理，而諸如法律風險等類型的操作風險給金融機構帶來的潛在損失非常巨大，甚至會形成致命威脅。

鑒於操作風險的廣義概念和狹義概念都存在缺陷，為便於操作風險監管，

巴塞爾委員會在關注操作風險的開始，就一直致力於尋求一個操作風險的恰當界定。2003年的CP3中巴塞爾委員會將操作風險定義為：由於不完善或失靈的內部程序、人員和系統，或外部事件導致損失的風險。該定義是立足於應用的角度給出的，因此，很多國際金融機構在此基礎上根據自身具體情況進行修改後，提出了各自的操作風險定義，具有代表性的如下：

英國銀行家協會（BBA）將操作風險定義為：由於內部程序、人員、系統的不完善或者失誤以及外部事件導致的直接或間接損失的風險。該定義是根據人的因素、內部流程、系統和外部事件等操作風險產生的四個主要來源對操作風險進行的界定。該定義系統、直觀、容易掌握，便於匯總分析，有利於操作風險的辨識。

全球風險專業人員協會（GARP）將操作風險界定為：與業務操作相聯繫的風險，由操作失敗風險和操作戰略風險兩個部分組成。操作失敗風險是業務操作過程中發生失敗而導致損失的風險；操作戰略風險則是由諸如相關政治制度、監管制度等外部環境變化，以及諸如開拓新業務領域、業務流程重組等機構自身發展戰略變化導致損失的風險。

通過不斷實踐和研究，2004年6月，巴塞爾委員會頒布了新巴塞爾協議[3]，將操作風險定義為：由不完善或有問題的內部程序、人員及系統或外部事件所造成損失的風險，包括法律風險，但不包括策略風險和聲譽風險。對操作風險進行上述界定的理由主要在於：首先，銀行在經營活動過程中會經常性地涉及法律問題，因法律問題導致的損失可通過嚴格管理而得到降低或避免。若管理法律問題的制度出現缺陷，可能導致危及銀行安全的重大損失，因此，應將法律風險納入操作風險。其次，策略風險是銀行為提高盈利能力所應承擔的風險。銀行為實現利潤主動承擔了相關的商業、信用和市場風險，是銀行自身正常商業行為。操作風險產生的原因主要是制度缺陷所導致的犯罪行為等，應區別於策略風險。儘管該風險可能對銀行造成重大影響，但不能包含在操作風險中。最後，聲譽風險的界定和度量很困難，所以也被排除在外。該定義從操作風險的起因和來源出發來界定操作風險，主要有兩方面目的：

一是建立統一的度量框架，為自下而上度量方法的應用奠定基礎。由於從導致操作風險的原因出發來進行界定，從而使自下而上法的應用成為可能。在

自下而上法中，高級計量法風險敏感性高，度量較準確，且能更好地為操作風險管理提供有價值的可靠依據。在新巴塞爾協議中，鼓勵各銀行開發各自的高級計量法，僅在原則上規定了使用高級計量法的定性和定量標準，不規定用於操作風險計量和計算監管資本所需的具體方法和統計分佈假設。這為銀行獨立開發符合各自情況的高級計量法提供了便利。

二是為建立操作損失數據的收集體系奠定理論基礎。其意義在於：其一，操作損失數據是高級計量法度量操作風險的基礎。從該概念出發，可清晰地對操作損失數據進行分類。基於此，新巴塞爾協議明確地將銀行業務分為 8 條產品線，在每一條產品線中，1 級目錄細分為 2 級目錄，且進一步細分為業務群組；每一條產品線有 7 類操作損失，在每一損失類型中，1 級目錄細分為 2 級目錄，且進一步細分為 3 級目錄。其二，為操作風險管理文化和風險控制體系的建立奠定基礎。操作損失數據產生於產品線，因此，損失數據的收集需要全員參與，這要求在銀行內部創造一個良好的操作風險管理文化。同時，操作損失數據收集體系實際上形成了操作風險控制體系。

新巴塞爾協議給出的操作風險概念是建立在實用主義基礎上的，也存在某些缺陷。新巴塞爾協議對操作風險的內涵和外延都進行了非常明確的界定，但是，事實上操作風險產生的原因、所導致事件的表現形式以及後果都很複雜。而且，操作風險與信用風險、市場風險的界限在某些情況下很難明確，只有通過操作風險監管規定和管理部門以裁決方式解決。因此，新巴塞爾協議給出的定義會有不完美之處。儘管如此，該定義是在綜合考慮操作風險度量與管理等諸多因素的基礎上，經業界和理論界多年研究後給出的，可操作性強。因此，在新巴塞爾協議中對該定義進行明確，對操作風險的度量與監管具有重大意義。本書的研究將以新巴塞爾協議給出的操作風險定義為基礎進行展開。

1.3 操作風險度量的基本方法

如何合理準確地度量操作風險，進而管理操作風險就成為銀行的當務之急。一般地，操作風險度量方法主要有兩個大類：自上而下法和自下而上法。

自上而下法是在假設對銀行內部操作風險狀況不瞭解，將其作為一個黑箱，對其市值、收入、成本等變量進行分析，然後計算操作風險大小。這類方法主要包括：CAPM 模型、基本指標法、波動率模型等。這類方法對數據要求不高，所得結果準確性也不高。

自下而上法則是在對銀行各條產品線的操作損失狀況有深入研究後，對每條產品線中的每一操作損失類型都分別進行度量，最終將所有的度量結果合成為整個銀行總的操作風險。這類方法主要包括：損失分佈法、內部衡量法、記分卡法、因果模型法、Delta 法、極值模型以及 Bayesian 網路模型等。這類方法要求有完善的操作損失事件記錄，所得結果比自上而下法準確。

在新巴塞爾協議中，按照銀行風險管理水平由低到高以及對操作風險認識的逐漸提升，可依次使用基本指標法、標準化方法以及高級計量法度量操作風險。這三種方法的複雜性和風險敏感度依次遞增。度量方法越高級，需要的損失事件信息越多；相應地，操作風險度量結果越準確。下面對這三種度量方法分別進行介紹。

1.3.1 基本指標法

基本指標法（Basic Indicator Approach，BIA）是最初級的度量方法。採用基本指標法的銀行持有的操作風險資本應等於前三年總收入的平均值乘以一個固定比例（用 α 表示）。監管資本計算公式如下：

$$K_{BIA} = GI \times \alpha$$

式中，K_{BIA} 表示基本指標法所需資本；GI 表示前三年總收入的平均值；$\alpha = 15\%$，由巴塞爾委員會設定，將行業範圍的監管資本要求與行業範圍的指標聯繫起來。

其中，總收入定義為：淨利息收入加上非利息收入。這種計算方法旨在：①反應所有準備（例如，未付利息的準備）的總額；②不包括銀行帳戶上出售證券實現的利潤（或損失）；③不包括特殊項目以及保險收入。

基本指標法假設操作風險僅與收入大小有關，沒有將不同產品線類型的特性納入模型，這必然導致度量結果的偏差。這種方法忽略了金融機構自身的風險特徵，風險敏感性很差。該方法是新巴塞爾協議確定的金融機構在操作風險度量的初始階段中使用的度量方法。

1.3.2 標準法

鑒於基本指標法是一種很粗略的度量方法，沒有考慮到因產品線特徵不同而導致的操作風險差異，因此，新巴塞爾協議在對基本指標法進行改進的基礎上進一步提出了標準法（Standardized Approach，SA）。

在標準法中，銀行業務分為8條產品線：公司金融（corporate finance）、交易和銷售（trading & sales）、零售銀行業務（retail banking）、商業銀行業務（commercial banking）、支付和清算（payment & settlement）、代理服務（agency services）、資產管理（asset management）和零售經紀（retail brokerage）。計算各產品線資本要求的方法是：各條產品線總收入乘以該產品線適用的係數（用β值表示）。將各產品線監管資本簡單加總得到總監管資本，其計算公式如下：

$$K_{SA} = \sum (GI_{1-8} \times \beta_{1-8})$$

式中，K_{SA}表示用標準法計算的資本要求；GI_{1-8}表示8條產品線中各產品線過去三年的年均總收入；β_{1-8}表示由委員會設定的固定百分數，建立8條產品線中各產品線的總收入與資本要求之間的聯繫。各條產品線的β值詳見下表：

表1-1　　　　　　　　　不同產品線的β係數

產品線	公司金融（β_1）	交易和銷售（β_2）	零售銀行業務（β_3）	商業銀行業務（β_4）	支付和清算（β_5）	代理服務（β_6）	資產管理（β_7）	零售經紀（β_8）
β係數	18%	18%	12%	15%	18%	15%	12%	12%

和基本指標法相比較，標準法主要在兩方面進行了改進：一是分別按各條產品線計算總收入，而非在整個機構層面計算，例如，公司金融指標採用的是公司金融業務產生的總收入。在各條產品線中，總收入是廣義指標，代表各條產品線的業務經營規模，因此，大致代表各產品線的操作風險暴露。二是各條產品線的 β 值的設定考慮到因產品線特性不同而導致的操作風險大小的差異。β 值代表行業在特定產品線的操作風險損失經驗值與該產品線總收入之間的關係，由表 1-1 可看出，不同產品線的 β 值存在差異。

基本指標法和標準法都假設操作風險僅與收入大小有關，且是一種簡單的線性關係，這顯然是有缺陷的。Shih 和 Samad-Khan 等（2000）[4]研究發現操作損失強度與總收入間存在非線性關係，而且總收入僅能解釋5%的損失強度，95%的損失強度主要與產品線類型、管理質量以及環境控制的有效性等有關。因此，這兩種方法的度量結果都存在很大偏差。

1.3.3　高級計量法

為了能夠更加準確度量操作風險，新巴塞爾協議進一步提出了高級計量法（Advanced Measurement Approaches，AMA）。該方法規定銀行在符合新巴塞爾協議規定的定量標準和定性標準的條件下，可以通過內部操作風險計量系統計算監管資本。監管當局要求使用高級計量法應獲得監管當局的批准，且詳細規定了使用高級計量法的資格標準、定性標準以及定量標準。下面分別對此進行介紹。

1.3.3.1　資格標準

新巴塞爾協議首先給出了能夠應用高級計量法度量監管資本的資格標準，主要有三項要求：第一，銀行董事會和高級管理層積極參與操作風險管理框架的管理；第二，銀行的風險管理系統概念穩健，執行正確有效；第三，有充足的資源支持在主要產品線和控制及審計領域內採用該方法。

銀行用高級計量法計算監管資本之前，在該銀行實施高級計量法初始的一段時間內，監管當局有權對其進行監測。在監測期內，監管當局將確定該方法是否可信和適當。銀行的內部計量系統必須在基於內部和外部相關損失數據、情景分析、銀行特定業務環境和內部控制等綜合情況的基礎上，合理地度量非

預期損失。銀行的計量系統必須能提供改進業務操作風險管理的激勵，以支持在各產品線中分配操作風險的經濟資本。

在具備資格標準的前提下，銀行欲應用高級計量法度量監管資本，還必須符合定性標準和定量標準。

1.3.3.2 定性標準

新協議對定性標準的規定主要有六個方面：

（1）銀行必須具備獨立的操作風險管理崗位，用於設計和實施銀行的操作風險管理框架。操作風險管理功能用於：制定銀行一級的操作風險管理和控制政策、程序；設計並實施銀行的操作風險計量方法；設計並實施操作風險報告系統；開發識別、計量、監測、控制/緩釋操作風險的策略。

（2）銀行必須將操作風險評估系統整合入銀行的日常風險管理流程。評估結果必須成為銀行操作風險輪廓監測和控制流程的有機組成部分。如，這類信息必須在風險報告、管理報告、內部資本分配和風險分析中發揮重要作用。銀行必須在全行範圍內具備對主要產品線分配操作風險資本的技術，並採取激勵手段鼓勵改進操作風險管理。

（3）必須定期向業務管理層、高級管理層和董事會報告操作風險暴露和損失情況。銀行必須制定流程，規定如何針對管理報告中反應的信息採取適當行動。

（4）銀行的操作風險管理系統必須文件齊備。銀行必須有日常程序，確保此系統符合操作風險管理系統內部政策、控制和流程等文件的規定，且應規定如何對不符合規定的情況進行處理。

（5）銀行的操作風險管理流程和計量系統必須定期接受內部和/或外部審計師的審查。這些審查必須涵蓋業務部門的活動和操作風險管理崗位情況。

（6）外部審計師和/或監管當局對銀行操作風險計量系統的驗證必須包括：核實內部驗證程序運轉正常；確保風險計量系統的數據流和流程透明且使用方便。在認為有必要並在適當的程序下，審計人員和監管當局要能輕易獲得系統的規格和參數信息。

1.3.3.3 定量標準

新協議對定量標準的規定主要有五個方面：

（1）鑒於操作風險計量方法處於不斷演進之中，委員會不規定用於操作風險計量和計算監管資本所需的具體方法和統計分佈假設。但銀行必須表明所採用的方法考慮到了潛在較嚴重的概率分佈「尾部」損失事件。無論採用哪種方法，銀行必須表明，操作風險計量方式符合與信用風險 IRB 法相當的穩健標準（例如，相當於 IRB 法，持有期 1 年，99.9% 置信區間）。

巴塞爾委員會認為，高級計量法穩健標準賦予銀行在開發操作風險計量和管理方面很大的靈活性。但銀行在開發系統的過程中，必須有操作風險模型開發和模型獨立驗證的嚴格程序。

（2）任何操作風險內部計量系統必須與委員會規定的操作風險範圍和損失事件類型一致。

（3）監管當局要求銀行通過加總預期損失（EL）和非預期損失（UL）得出監管資本要求，除非銀行表明在內部業務實踐中足以準確計算出預期損失。即，若要僅基於非預期損失得出最低監管資本，銀行必須說服所在國監管當局，表明自己已計算並包括了預期損失。

（4）銀行的風險計量系統必須足夠「分散」（granular），將影響損失分佈尾部形態的主要操作風險因素考慮在內。

（5）在計算最低監管資本要求時，應將不同操作風險估計的計量結果加總。只要銀行表明其系統能在估計各項操作風險損失之間相關係數方面計算準確、實施合理有效、考慮到了此類相關性估計的不確定性（尤其是在壓力情形出現時），且高度可信，並符合監管當局要求，監管當局就允許銀行在計算操作風險損失時，使用內部確定的相關係數。銀行必須驗證其相關性假設。

任何風險計量系統必須具備某些關鍵要素，以符合監管當局的穩健標準。這些要素包括內部數據的使用，相關的外部數據，情景分析（scenario analysis）和反應銀行經營環境和內部控制系統情況的其他因素。銀行需要在總體操作風險計量系統中擁有一個可信、透明、文件齊備且可驗證的流程，以確定各基本要素的相關重要程度。該方法應在內部保持一致並避免對定性評估或風險緩釋工具的重複計算。

由於新巴塞爾協議鼓勵各金融機構發展自己的高級計量法，該類方法成為業界和理論界研究的熱點。以下將對目前在業界獲得廣泛應用且具有代表性的

一種高級計量方法，即損失分佈法進行系統介紹。

1.4 損失分佈法綜述

損失分佈法（the Loss Distribution Approach；LDA）源自保險精算模型[5]。2001年，巴塞爾委員會諮詢文件[6]提出了應用損失分佈法度量操作風險的基本思想，認為損失分佈法是指，在操作損失事件的損失頻率和損失強度的有關假設基礎上，對產品線/損失事件類型矩陣中的每一類操作損失的損失頻率分佈和損失強度分佈分別進行估計，並複合成複合分佈，從而計算出某一時期一定置信度 α 下，該類型操作損失複合分佈的操作風險價值[7]［the Operational VaR, $OpVaR(\alpha)$］的方法。進一步，Frachot（2001）[8]對在損失分佈法應用於操作風險度量時所存在的理論問題進行了系統研究。下面簡單介紹損失分佈法的基本原理。

新巴塞爾協議將銀行產品線 i 分為8條，每條產品線下有7類損失事件 j，因此，產品線與損失類型進行組合 (i, j) 後形成56個操作損失類型。某一組合 (i, j) 的操作損失為：

$$S(i, j) = X_1 + X_2 + \cdots + X_N$$

式中：N 表示第 i 條產品線與第 j 類風險組合 (i, j) 的操作風險在特定時期 t 內的損失頻數；X 表示損失強度；$S(i, j)$ 表示該產品線在特定時期 t 內總損失金額。

一般，操作損失頻數分佈 $p_t(\cdot)$ 可能為 Poisson 分佈或者負二項分佈；操作損失強度分佈 $F(\cdot)$ 為連續分佈，可能為：對數正態分佈、Weibull 分佈、廣義 Pareto 分佈等。

在損失分佈法下，銀行根據每一組合 (i, j) 的損失樣本，估計出損失強度分佈 $F(\cdot)$ 和損失頻數分佈 $p_t(\cdot)$，複合為該組合 (i, j) 的總量分佈 $G_t(x)$：

$$G_t(x) = \begin{cases} \sum_{n=1}^{n} p_t(n) F^{*n}(x) & x > 0 \\ p_t(0) & x = 0 \end{cases} \quad (1-1)$$

式中，x 表示損失強度；n 表示損失頻數；t 表示操作風險度量的目標期間；$F^{*n}(\cdot)$ 表示損失強度分佈函數的卷積。

根據（1-1）式，預期損失 $EL(i, j)$ 為：

$$EL(i, j) = \int_0^\infty x dG_t(x)$$

在置信度 α 下，非預期損失 $UL(i, j, \alpha)$ 為：

$$UL(i, j, \alpha) = G_t^{-1}(\alpha) - EL(i, j) = \inf\{x \mid G_t(x) \geq \alpha\} - \int_0^\infty x dG_t(x)$$

如果銀行表明在內部業務實踐中足以準確計算出預期損失，且說服所在國監管當局，自己已計算並包括了預期損失，那麼監管資本可僅以非預期損失計提：

$$CaR(i, j, \alpha) = UL(i, j, \alpha)$$

否則，銀行必須通過加總預期損失（EL）和非預期損失（UL）得出監管資本，即：

$$CaR(i, j, \alpha) = EL(i, j) + UL(i, j, \alpha) = G_t^{-1}(\alpha)$$

若銀行能夠詳細說明各組合間相關性，則可根據有關公式計算考慮相關性後的監管資本總量。否則，須直接加總所有組合 (i, j) 的監管資本，作為銀行監管資本總量。

從巴塞爾委員會2004年的調查報告[9]看，損失分佈法是業界用於操作風險度量的主要方法。實際上，從操作風險引起關注開始，該方法就成為理論界研究的熱點之一。以下從三個方面對損失分佈法進行介紹。

1.4.1 操作損失數據樣本

損失分佈法依賴於金融機構內部損失樣本數據來把握其特有的操作風險特徵。每一機構的每一操作風險類型都有其獨特的風險特徵，這些特徵來自於與該類風險關聯的產品類型和內部控制機制、外部管理環境的特性。這些特徵對於每一機構而言，都有其獨特性，度量其風險特徵的最佳途徑就是檢查其實際發生的歷史損失樣本數據。這些歷史損失數據反應了機構內在風險和控制機制互抵後的操作風險淨額。因此，損失分佈法的相關研究首先是從損失數據樣本開始的，主要集中在以下幾個方面：

（1）歷史數據樣本

操作損失數據樣本首先是一種歷史數據，是由金融機構歷史上實際發生的操作損失事件經記錄、整理而成。使用歷史損失數據樣本度量操作風險，是建立在一些假設（如歷史是可以重演的等）基礎上的。因此，麥克爾·哈本斯克（2003）[10-11]認為，在使用損失分佈法度量操作風險時，須對這些假設進行研究和檢驗，理解結果對這些假設的敏感性。

首先，操作風險價值是在某一目標期間下來進行度量的，這意味著損失數據樣本的收集存在某一時間間隔問題，時間間隔不同，度量結果也不同。由於金融機構實際上都在不斷變化，因此，如果數據樣本跨越的時間越長，意味著金融機構內部控制環境和外部環境變化越大，損失數據樣本間的關聯度越小；如果數據樣本跨越時間太短，損失數據樣本可能會很少。數據樣本的時間跨度長短會影響度量結果的質量，這導致在實際情況下時間跨度讓人難以抉擇。目前，新巴塞爾協議建議的計量時間間隔為一年，在一年內大部分管理行動對金融機構操作風險狀況的影響大致是一致的。

另外，安森尼·帕什（2003）[12]認為實際上可能有其他許多與實際風險有更高關聯度的數據，但這些數據不是不實用就是獲取的成本太高。在用歷史數據度量操作風險時，要對歷史數據進行修正，在建模時考慮金融機構內外部的變化。基於此，一種比較可行的辦法是引入外部操作損失數據樣本補充操作損失數據庫，以提高度量準確性。

（2）內部損失樣本和外部損失樣本

鑒於使用歷史樣本度量操作風險存在的缺陷，新巴塞爾協議認為必須引入外部操作損失來補充內部損失樣本的不足。內部損失數據是指金融機構自身發生的操作損失，反應了金融機構自身操作風險狀況。外部損失數據是指其他金融機構發生的操作損失，反應了和該操作風險主體類似的其他金融機構操作風險狀況，它與該操作風險主體有一定相關性，在篩選和處理後可補充該操作風險主體損失數據的不足。由於內外部損失樣本在操作風險度量中的重要性，新巴塞爾協議對此進行了專門的詳細規定，分別介紹如下[3]：

① 內部損失樣本

對內部損失事件數據的跟蹤記錄，是開發出可信的操作風險計量系統並使

其發揮作用的前提。為建立銀行的風險評估與其實際損失之間的聯繫，內部損失數據十分重要。建立該聯繫有以下幾種方式：一是將內部損失數據作為風險估計實證分析的基礎；二是將其作為驗證銀行風險計量系統輸入與輸出變量的手段；三是將其作為實際損失與風險管理、控制決策之間的橋樑。

在內部損失數據與銀行當前的業務活動、技術流程和風險管理程序之間的聯繫被清晰界定的情況下，其相關程度最高。因此，銀行必須建立文件齊備的程序，以持續地評估歷史損失數據的意義，包括在何種情況下採用主觀的推翻(overrides)、規定放大倍數或其他調整措施，採用到何種程度以及誰有權做此決定。

在損失數據記錄時間上，用於計算監管資本的內部操作風險計量方法，必須基於對內部損失數據至少5年的觀測，無論內部損失數據直接用於損失計量還是用於驗證。銀行如果初次使用高級計量法，也可以使用3年內的歷史數據（包括2006年老資本協議和新資本協議同時適用的1年）。

在內部損失數據的收集流程方面，必須符合以下標準：

a. 為有助於監管當局的驗證，銀行必須將內部損失歷史數據按照新協議中監管當局規定的組別對應分類，並按監管當局要求隨時提供這些數據。對向特定業務和事件類別分配損失應設立客觀標準，並有文件說明。但對於內部操作風險計量系統中，這種按組別分類的做法應用到何種程度，則由銀行自行決定。

b. 銀行的內部損失數據必須綜合全面，涵蓋所有重要的業務活動，反應所有相應的子系統和地區的風險暴露情況。銀行必須要證明，任何未包含在內的業務活動或風險暴露，無論是單個還是加總，都不會對總體風險估計結果產生重大影響。銀行收集內部損失數據時必須設定適當的總損失底限（門檻），例如10,000歐元。

c. 除了收集總損失數額信息外，銀行還應收集損失事件發生時間、總損失中收回部分等信息，以及致使損失事件發生的主要因素或起因的描述性信息。描述性信息的詳細程度應與總的損失規模相稱。

d. 如果損失是由某一中心控制部門（如信息技術部門）引起或由跨業務類別的活動及跨時期的事件引起，銀行應確定如何分配損失的具體標準。

e. 如果操作風險損失與信用風險相關，在此之前已反應在銀行的信用風險數據庫中（如抵押品管理失敗），則根據新協議的要求，在計算最低監管資本時應將其視為信用風險損失。因此，對此類損失不必計入操作風險資本。但是，銀行應將所有的操作風險損失記錄在內部操作風險數據庫中，並與操作風險定義範圍和損失事件類型保持一致。任何與信用風險有關的損失，應該在內部操作風險數據庫中單獨反應出來（如做標記）。

② 外部損失樣本

銀行的操作風險計量系統必須利用相關的外部數據（無論是公開數據還是行業集合數據），尤其是當有理由相信銀行面臨非經常性、潛在的嚴重損失時。外部數據應包含實際損失金額數據、發生損失事件的業務範圍信息、損失事件的起因和情況或其他有助於評估其他銀行損失事件相關性的信息。銀行必須建立系統性的流程，以確定什麼情況下必須使用外部數據，以及使用方法（例如，放大倍數、定性調整或告知情景分析的改進情況）。應定期對外部數據的使用條件和使用情況進行檢查，修訂有關文件並接受獨立檢查。

③ 情景分析

銀行必須以外部數據配合專家的情景分析，求出嚴重風險事件下的風險暴露。採用這種方法合理評估可能發生的損失，要依賴有經驗的業務經理和風險管理專家們的知識水平。例如，專家提出的評估結果可能成為假設的損失統計分佈的參數。此外，應當採用情景分析來衡量，實際結果偏離銀行的操作風險計量框架的相關性假設時，造成的影響有多大，特別是評估多項導致操作風險損失的事件同時發生的潛在損失。對這些評估結果應通過與實際損失的對比，隨時進行驗證和重新評估，以確保其合理性。

由新巴塞爾協議可知，操作損失歷史樣本數據主要來自兩種渠道：內部損失樣本數據和外部損失樣本數據。為獲知嚴重操作風險事件下的暴露，還須進行情景分析。以確保對金融機構操作風險狀況的全面把握。新巴塞爾協議給出了上述規定，進一步規範和完善了損失分佈法，使之更具科學性，保證了度量結果的準確性。

1.4.2 內外部損失樣本共享問題

新巴塞爾協議規定，銀行必須表明所採用的方法考慮到了潛在較嚴重的概

率分佈「尾部」損失事件。也就是說，監管資本必須覆蓋被稱為尾部事件的風險，即那些可能危及金融機構安全的低頻高強度損失事件。由於這些事件很稀少，因此，即使機構已經收集了很多年的歷史損失樣本數據，也不敢斷言已經有足夠的損失數據來精確度量損失分佈尾部形態。因此，金融機構只有使用外部損失樣本數據，才能彌補內部損失樣本數據在分佈尾部的不足，也才能更好地刻畫損失分佈的尾部特徵。

基於上述原因，金融機構必須以內外部共享損失樣本數據庫度量操作風險。一般地，金融機構所處的外部環境總是存在著差異，機構內部的程序、人員狀況、系統也各不相同。金融機構內外部環境不同，操作損失發生的頻率和強度不同，損失樣本的分佈也會不同，即金融機構的外部業務環境與內部管理環境決定了操作風險大小。當共享內外部環境不同的機構所發生的損失樣本時，樣本的異質性（heterogeneity）將影響度量的準確性。因此，操作風險度量研究最初關注的核心問題就是，內外部損失樣本的異質性對度量的影響以及如何解決的問題。這種影響主要集中在兩個方面：損失樣本記錄門檻（threshold）和除門檻外的其他因素：

（1）樣本記錄門檻導致的異質性

對於門檻的影響，現有文獻主要從兩種觀點出發進行了探討。

觀點一，當內部損失沒有門檻時，內外部損失樣本的共享問題。如某些銀行記錄了所有發生的損失樣本，即不設定樣本門檻。Frachot 和 Roncalli（2002）[13]認為僅以內部樣本度量操作風險，會導致結果偏低，因此，須以外部樣本補充內部樣本。基於此，該文獻應用可靠性理論探討了損失頻數分佈及其特徵參數估計問題，且認為損失強度分佈是由具有門檻的外部樣本的條件分佈與無門檻的內部樣本分佈兩類分佈混合而成的分佈，以此為基礎給出了監管資本計量模型。

觀點二，當內外部損失樣本都存在門檻時，內外部損失樣本的共享問題。由於損失樣本記錄存在成本問題，因此，某些銀行僅記錄某一門檻以上的損失樣本。對此，Baud 和 Frachot 等（2002）[14]對樣本門檻進行了系統研究，認為內外部樣本共享時可能有三種情況的門檻：已知常數、未知常數和隨機變量。並給出在此三種情況下的損失分佈及其特徵參數的估計。Baud 和 Frachot 等

(2003)[15]認為內部樣本和外部樣本都存在門檻,若忽視這些門檻,將高估監管資本。為避免高估監管資本,須得到損失強度和損失頻數的真實分佈。進一步,該文獻給出了不同門檻樣本混合後,損失強度分佈和損失頻數分佈及其特徵參數的估計方法,並以實例分析了考慮門檻情況下和不考慮門檻情況下的監管資本度量,發現不考慮門檻情況下可能高估監管資本達50%以上。Frachot 和 Roncalli 等(2004)[16]探討了不同損失類型間的相關性問題。更進一步,Frachot 和 Moudoulaud 等(2007)[17]在共享內外部樣本條件下,探討了相關性對合成總監管資本的影響,並探討了特徵參數以及監管資本估計的準確性問題。Aue 和 Kalkbrener(2007)[18]探討了德意志銀行的操作風險度量模型:基於損失分佈法,將外部損失數據按照一定的權重引入內部損失數據庫,以彌補內部損失數據的不足,且進行了情景分析。

(2) 除門檻外的其他因素導致的樣本異質性

除門檻外的其他因素導致了損失樣本異質性,從而影響損失強度分佈與損失頻數分佈。因此,共享內外部損失樣本時,須分別在損失強度和損失頻數兩方面對樣本進行同質性轉換。相關研究也是在這兩方面進行展開。

對於損失強度樣本轉換模型,Shih 和 Samad-Khan 等(2000)[4]研究了操作損失強度與機構規模間的關係,發現損失強度和機構規模間存在非線性關係。在代表機構規模的三個變量(總收入、總資產和雇員數量)中,總收入與損失強度間相關性最強。但進一步研究發現,總收入僅能解釋5%的損失強度,95%的損失強度主要與產品線類型、管理質量以及環境控制的有效性等有關。

隨後,Hartung(2004)[19]進一步完善了上述模型,認為僅考慮收入對操作損失的影響不全面,應將影響損失的所有因素納入模型,建立操作損失強度轉換模型。Na(2004)[20]將操作損失強度細分為一般損失和特殊損失:一般損失捕捉到所有銀行的所有一般性變化,比如宏觀經濟的、地理政治的以及文化環境等的變化;特殊損失捕捉業務線或損失事件的特性,從而得到不同機構操作損失強度的轉換公式。進一步,Na 和 Miranda 等(2005)[21]將上述思想擴展到內外部操作損失頻數的轉換模型中,並進行了統計分析。Na 和 Van(2006)[22]建立了操作損失頻率轉換的計量模型。

對於外部數據的適用性、相關性問題都存在爭論。產生外部數據的標準產品線經常與本機構內部組織的結構不一致，這會帶來度量偏差問題。Kalhoff和 Marcus（2004）[23]認為不同的文化和法律標準也會導致外部操作損失樣本和內部損失樣本的不匹配。引入過多的產業信息也會掩蓋企業自身真實的風險。因此，外部損失樣本的引入實際上也帶來了度量的不確定性。

針對樣本異質性問題，上述文獻從不同角度提出各自的解決辦法。但是，從另一個角度看，這些文獻在提出解決辦法的同時實際上增加了度量的不確定性。

1.4.3 極值模型法在尾部風險度量中的應用

1.4.3.1 極值理論文獻綜述

極值模型主要有兩類[24]：經典區組樣本極大值模型（Block Maxima Method, BMM）和廣義 Pareto 模型（Generalized Pareto distribution, GPD）。目前，操作風險尾部度量的相關研究也主要是根據這兩類極值模型來展開。

第一個明確提出極值問題的是 Bortkiewicz（1922）[25]，該文獻研究了正態分佈的樣本極差，這意味著來自正態分佈的樣本最大值是一個新的隨機變量，具有新的分佈。Mises（1923）[26]研究了樣本最大值的期望值。極值理論的真正發展是在 1923 年，Dodd（1923）[27]首先研究了一般分佈的樣本最大值。Tippett（1925）[28]得到正態總體各種樣本量下的最大值及相應概率表、樣本平均極差表。Frechet（1927）[29]首次研究了最大值的漸進分佈，認為來自不同分佈卻具有某種共同性質的最大值存在相同的漸進分佈，並提出最大值穩定原理。Fisher 和 Tippett（1928）[30]證明了極值極限分佈的三大類型定理，為極值理論的發展研究奠定了基石，他們的研究不僅找到 Frechet 分佈，而且構造了另外兩個漸進分佈，即極值類型定理。

進一步，Mises（1936）[31]提出最大次序統計量收斂於極值分佈的充分條件。Gnedenko（1943）[32]給出了類型定理的嚴格證明，建立了嚴格的極值理論。給出了極端次序統計量收斂的充要條件。Haan（1970）[33-34]對 Gnedenko 提出的問題進行了進一步的深入研究，解決了吸引場問題。

Gumbel（1958）[35]對一維極值理論進行了系統歸納，探討了最大值（或最小值）分佈問題。David（1981）[36]和 Barry 和 Balakrishnan（1992）[37]討論了次

序統計量的漸進理論。Leadbetter 和 Lindgren（1983）[38]發展了離散以及連續隨機過程的極值理論，Galambos（1987）[39]對此進行了進一步的探討。Resnick（1987）[40]給出了極端次序統計量的聯合分佈，並最早探討了多元極值分佈。Reiss（1989）[41]探討了與極值及次序統計量有關的收斂概念和收斂速度問題，Beirlant 和 Vynckier（1996）[42]以精算方法對此進行了探討。Kotz 和 Nadarajah（2000）[43]、Reiss 和 Thomas（2001）[44]以及 Coles（2001）[45]等對極值問題也進行了研究。

Pickands（1975）[46]最早介紹廣義的 Pareto 分佈，Davison（1984）[47]、Smith（1984，1985）[48-49]以及 Montfort 和 Witter（1985）[50]做了進一步研究，將其廣泛應用於極值分析、擬合保險損失以及可靠性研究領域。指數分佈常被應用於區分厚尾和薄尾分佈特性。

在應用方面，Weibull（1939，1951）[51-52]最早強調極值概念對描述材料強度的重要性。Kinnison（1985）[53]闡述了極值理論在工程領域的應用。Castillo（1988）[54]對極值模型及其應用進行了系統歸納。Embrechts 和 Klüppelberg 等（1997）[55]探討了極值模型在金融和保險中的應用。Finkelstadt 和 Rootzen 等（2003）[56]以及 Beirlant 和 Goegebeur 等（2004）[57]也探討了極值模型應用中的相關問題。

在廣義 Pareto 分佈模型的應用中，閾值的確定問題是一個很困難的問題。閾值越大，可以用於建模的數據樣本越少，估計值的方差越大，但偏差減少；閾值越小，可用於建模的數據樣本越多，估計值的方差越小，但偏差越大。Dupuis（1998）[58]認為可從參數的穩健性來確定閾值。但是，很多學者，如 Beirlant 和 Vynckier 等（1996）[59]、Beirlant 和 Dierckx 等（2002）[60]、Danielsson 和 Haan（2001）[61]、Guillou 和 Hall（2001）[62]、Ferreira（2002）[63]、Matthys 和 Beirlant（2003）[64]等建議通過最小化某一均方誤差或漸進二階矩來獲得閾值。

極值估計的相關研究主要有兩方面：極值指數估計和在高置信度下的分位數（高分位數）估計。

研究極值指數估計的相關文獻主要有：Resnick 和 Stărică（1999）[65]、Huisman 和 Koedijk 等（2001）[66]、Groeneboom 和 Lopuhaa（2003）[67]、

Brazauskas 和 Serfling（2003）[68]以及 Aban 和 Meerschaert（2004）[69]。

探討高分位數的相關文獻主要有：Haan 和 Rootzén（1993）[70]構造了高置信度下的分位數估計量，討論了大樣本性質；Danielsson 和 Vries（1997，1998）[71-72]用自助法研究了高分位數；Bermudez 和 Turkman 等（2001）[73]用貝葉斯法估計高分位數；Ferreira 和 Haan 等（2003）[74]用矩估計法估計高分位數。McNeil（1997）[75]、McNeil 和 Frey（2000）[76]、McNeil 和 Saladin（2000）[77]、Longin（2000）[78]、Smith（2000）[79]以及 Bali（2003）[80]等分別通過極大似然法估計出極值指數和高分位數。

對於極值模型檢驗，Choulakian 和 Stephens（2001）[81]提出了廣義 Pareto 分佈模型應用條件的檢驗依據。Dietrich 和 Hann（2002）[82]提出了對樣本是否滿足極值分佈的條件進行檢驗的方法。

目前，極值理論已經發展得比較完善，已成為一種非常實用的統計方法，在很多領域，如氣象、人類壽命、材料強度、洪水、地震以及金融保險，獲得了廣泛應用。特別是在金融領域，將極值理論與風險價值（VaR）結合起來，度量金融風險的尾部風險，已經成為一種主流方法。

1.4.3.2 極值模型法在損失強度度量中的應用

操作損失強度一般可分為三類：一般損失、巨大損失和極端損失。如圖 1-1 所示。

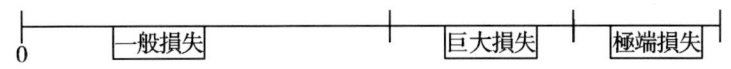

圖 1-1 以損失強度大小為標準的操作損失分類

操作損失發生頻數最大的是一般損失，其次是巨大損失，極端損失發生得極少。但對銀行及其他金融機構影響最大的卻是極端損失，其次是巨大損失。對銀行及其他金融機構的威脅主要來自低頻高強度損失的操作風險事件，這是設定監管資本時應考慮的主要對象。

新巴塞爾協議強調，監管資本度量必須考慮到潛在較嚴重的概率分佈尾部損失事件（例如，相當於 IRB 法，持有期 1 年，99.9%置信區間）。由於極值模型法能夠較好地度量這類操作損失事件，因此，目前該方法在操作風險度量中得到廣泛應用。Embrechts 和 Klüppelberg（1997）[55]等建議用極值模型法度

量尾部風險，並系統探討了該模型在金融保險中的應用問題。

極值模型主要有兩類[24]：經典區組樣本極大值模型（Block Maxima Method，BMM）和廣義Pareto模型（Generalized Pareto Distribution，GPD）。目前，操作風險尾部度量的相關研究也主要是從這兩類極值模型出發來展開的。下面分別就國內外相關研究進行綜述。

（1）國外研究狀況。King（2001）[83]探討了極值模型度量尾部風險的問題。Annalisa和Claudio（2003）[84]用廣義Pareto分佈模擬操作風險嚴重性的尾部特徵後發現，極值模型能很好地擬合操作風險尾部分佈狀況。Embrechts和Furrer等（2003）[85]認為，以極值模型估計操作損失分佈高置信度的分位數時，操作損失數據樣本須滿足獨立同分佈的假設，且須達到一定的樣本量。Fontnouvelle和Virginia（2003）[86]分析了低頻高強度操作損失數據樣本，發現Pareto分佈能較好地擬合損失強度分佈。Cruz（2004）[87]不僅在理論上研究了極值模型法在操作風險度量中的應用問題，而且進行了實踐性探討。Giulio和Roberto（2005）[88]以極值模型對操作風險進行實證研究後發現，度量結果高度依賴於分佈的形態類型。

巴塞爾委員會於2002年在全球範圍進行了一次操作損失樣本收集，下述兩文獻分別對此操作損失數據樣本進行了實證研究。Fontnouvelle和Rosengren等（2004）[89]以Weibull分佈、伽瑪分佈、對數伽瑪分佈、Pareto分佈等分佈進行比較研究，分析結果表明損失分佈表現出明顯的厚尾性，Pareto分佈在大多數的產品線和風險類型上都擬合得很好。Moscadelli（2004）[90]也用該數據樣本進行了實證研究，同時以LogNormal分佈、Gumbel分佈以及GPD分佈對操作損失強度進行擬合發現，當度量損失強度分佈尾部時，LogNormal分佈從置信度90%開始低估風險，Gumbel分佈從置信度96%開始低估風險。進一步，將該閾值設定在置信度90%左右，經擬合檢驗，且與LogNormal分佈、Gumbel分佈對比發現，GPD模型是擬合損失強度尾部分佈的最優模型。兩文獻都得出了同樣的結論：操作風險具有明顯的厚尾性。

Dutta和Perry（2006）[91]對2004年調查收集的操作損失數據進行了實證研究，以指數分佈、伽瑪分佈、廣義帕累托分佈、對數正態分佈、Weibull分佈等多種模型在不同銀行、不同產品線和不同損失類型上對損失強度進行了擬合

檢驗，發現損失強度分佈具有明顯厚尾性。Chavez-Demoulin 和 Embrechts（2006）[92]認為極值模型是度量低頻高強度操作風險的最優方法，且探討了當以 Pareto 分佈擬合操作損失強度時，在置信度 99.9% 下操作風險價值的估計問題。Allen 和 Bali（2007）[93]認為銀行風險暴露會受到經濟週期性波動影響，從而使風險監管資本度量產生偏差，且以 GPD 模型實證檢驗了操作風險度量中的週期性風險因子的存在。

Georges 和 Hela（2008）[94]對某銀行損失強度樣本進行了實證分析，以 Weibull 分佈擬合強度分佈的主體部分，以 Pareto 分佈擬合強度分佈尾部。Ariane 和 Yves 等（2008）[95]以某銀行損失樣本分別擬合了 LogNormal 分佈、Weibull 分佈以及 Pareto 分佈，並探討了管理措施對風險調整後收益(RAROC) 的影響。

(2) 中國研究狀況。田玲和蔡秋杰（2003）[96]對 BIA 法、標準法、內部衡量法、損失分佈法和極值理論模型進行比較分析，對中國商業銀行操作風險度量模型的選擇問題進行了探討。陳學華和楊輝耀等（2003）[97]將 POT 模型應用於度量商業銀行的操作風險，認為 POT 模型可以準確描述分佈尾部的分位數。樊欣和楊曉光（2003）[98]通過從公開媒體報導中搜集到的中國商業銀行操作風險損失事件，對操作風險損失事件的頻度和強度進行定量分析，對中國銀行業目前面臨的操作風險狀況進行了初步評價。在此基礎上，樊欣和楊曉光（2005）[99]進一步對操作損失頻率和操作損失強度的概率分佈進行估計，用蒙特卡羅模擬法估計出中國銀行業整體操作風險在給定置信度下的風險價值。唐國儲和劉京軍（2005）[100]根據新巴塞爾協議規定的原則，探討了損失分佈法在操作風險度量中的應用。

楊旭（2006）[101]用極值模型法度量操作風險，並以連接函數探討了不同損失事件之間的尾部相關性。周好文和楊旭等（2006）[102]以《福克斯》雜誌為基礎，收集了從 2001 到 2004 年的中國銀行業內部詐欺事件，假定操作損失頻率為泊松分佈，損失強度為廣義帕累托分佈，對內部詐欺操作風險進行了度量，並以蒙特卡羅方法得到在一定置信度下一年期的操作風險價值。張文和張屹山（2007）[103]以中國某商業銀行從 1988 到 2002 年的操作風險事件為樣本，利用 POT 模型估計出在一定置信度下的 VaR 和 ES 值。高麗君和李建平等

(2006，2007)[104-105]系統探討了極值理論在中國商業銀行操作風險度量中的應用，認為因採用傳統 Hill 估計方法對小樣本數據進行尾參數估計易產生偏倚，因此採用改進的 Hill 方法（小樣本無偏估計的 HKKP 估計）來估計操作損失分佈的尾參數，採用了最小化估計的累計概率分佈與經驗累計概率分佈平均平方誤差的方法確定閾值，估計出操作風險價值。姚朝（2008）[106]的實證研究表明，中國銀行操作損失強度的峰度達到 40.1063，即具有明顯厚尾性。

上述中國外文獻的實證研究表明，操作損失強度樣本能很好地擬合極值模型，操作損失強度分佈具有很明顯的厚尾性（或重尾性）。

史道濟（2006）[24]將厚尾分佈定義為：如果隨機變量的峰度大於 3（正態分佈峰度等於 3），則稱該隨機變量對應的分佈為厚尾分佈。但是，在某些情況下極值分佈的高階矩不存在，因此，其分佈的尾部厚薄狀況就不能用厚尾分佈的概念來進行刻畫，須用另一概念——重尾性分佈——來描述。

史道濟將重尾分佈定義為：如果存在正整數 k，使得 $\int_0^\infty x^k dF(x)$ 無窮，則稱分佈 $F(x)$ 的上尾是重尾的，類似可定義下尾是重尾的情況。Embrechts 和 Klüppelberg（1997）[55]認為，如果分佈的密度函數以幂函數的速度衰減至 0，那麼該分佈是重尾的。

因此，不管隨機變量的高階矩是否存在，「重尾性」概念都能很好地刻畫操作風險尾部厚薄狀況，從而使分佈尾部厚薄狀況的描述具有一般性。在極值分佈模型中，形狀參數值大小表示了分佈尾部厚度狀況。對於 Pareto 分佈，形狀參數越大，分佈尾部厚度越大；反之，尾部厚度越小。對於 Weibull 分佈，形狀參數越小，分佈尾部厚度越大；反之，尾部厚度越小。

根據中國外文獻對損失強度的實證研究，在操作風險中，有一類操作風險的損失強度分佈具有明顯的重尾性，本書將該類操作風險定義為重尾性操作風險。新巴塞爾協議強調必須將該類風險納入監管資本的度量範圍，該類風險對金融機構的威脅最大，是操作風險監管的關鍵對象。對該類操作風險進行專門研究將具有重大的理論意義和實踐意義。

由於極值模型法是度量重尾性操作風險的最佳方法[55]，因此，本書將極值模型法和損失分佈法（目前業界廣泛使用的方法）結合起來（即以極值模型擬合損失強度），探討操作風險的度量精度與管理問題。

1.5 操作風險管理研究綜述

1.5.1 國外操作風險管理研究現狀

自 20 世紀 90 年代開始,衍生金融工具及交易迅猛增長,市場風險成為關注的焦點。主要國際大銀行開始各自建立其風險資本的度量模型,彌補《巴塞爾協議》(1988 年)的不足。此時,市場風險度量的新方法 Value at Risk(VaR,即風險價值)開始出現。

到 20 世紀 90 年代後期,金融業風險出現新特點:損失不再是由單一風險造成,而是由信用風險和市場風險等聯合造成。面對新的經濟金融環境,巴塞爾委員會意識到操作風險已經成為金融機構的最致命威脅。此時,金融危機促使金融業界和理論界認為必須將另一類金融風險,即操作風險從信用風險或市場風險中分離出來,進行單獨管理和控制。由此,提出了由市場風險、信用風險以及操作風險構成的全面風險管理模式。

1.5.1.1 新巴塞爾協議將操作風險納入監管體系

由於 1988 年頒布的《巴塞爾協議》僅將信用風險和市場風險納入監管體系,已經不能適應後來新形勢下的金融風險狀況,因此,對《巴塞爾協議》進行修訂勢在必行。從 1996 年起,巴塞爾委員會開始著手考慮《巴塞爾協議》的修訂問題,其中一項主要工作即是考慮怎樣度量和監管操作風險。1998 年 9 月,巴塞爾銀行監管委員會首次發布了《操作風險管理》[107]的諮詢文件,強調了操作風險管理的重要性。1999 年 6 月,巴塞爾委員會公布了巴塞爾新資本協議(草案),操作風險正式與信用風險、市場風險一起納入到資本充足率的計算框架中。

隨後,巴塞爾委員會於 2001 年 1 月發布第二次意見徵求稿(CP2)[6],基本確定了操作風險概念,提出了三種操作風險度量方法(即基本指標法、標準法和高級計量法),規定了適用於基本指標法和高級計量法的內部管理機制要求。首次將操作風險與信用風險、市場風險並列作為商業銀行的三大風險,並規定必須計提風險準備金,以補償操作風險損失。一些跨國銀行將巴塞爾新

協議徵求意見稿（CP2）和其自身的操作風險實際狀況結合起來，進行了嘗試性的實踐。

更進一步，2002年巴塞爾委員會在全球範圍進行了一次操作風險狀況調查，收集到全球19個國家的89家銀行金額超過10,000歐元的操作損失數據。2003年6月發布第三次意見徵求稿（CP3）[108]，進一步修改和補充了新協議的內容。2004年巴塞爾委員會再次在全球範圍進行了一次操作風險狀況調查和操作損失數據收集[9]，以瞭解當時的操作風險狀況。

終於，在2004年6月巴塞爾委員會發布了新的巴塞爾協議正稿[3]。新協議明確地將操作風險納入風險監管框架中，要求金融機構為操作風險提取監管資本。操作風險和信用風險、市場風險一起正式成為商業銀行的三大風險。在第一支柱（最低資本金要求）、第二支柱（監督檢查）以及第三支柱（市場紀律）中，對操作風險進行了全面的監管。新協議的出抬，順應了新的國際環境，推動了銀行業強化包括操作風險在內的各種風險的度量與管理能力，使操作風險成為業界和理論界的研究熱點之一。

1.5.1.2 國外操作風險管理研究綜述

國外文獻對操作風險管理的探討主要集中在兩個方面：管理框架的構建和貝葉斯網路模型在操作風險中的應用。

第一方面，操作風險管理框架的構建。2001年12月巴塞爾委員會發布《操作風險管理與監管的穩健做法》[109]，分別從風險管理環境、風險管理（識別、評估、監測和緩釋/控制）、監管者作用、信息披露作用等四個方面共10條原則，系統闡述了操作風險的管理原則和方法，該文件建立了操作風險管理的基本框架。英國金融服務局（Financial Services Authority, 2002）[110]發布操作風險系統和控制的諮詢文件，認為應對操作風險進行內容管理和過程管理。羅蘭德·肯奈特從操作風險工具、資本計算、資本分配以及管理層支持等方面探討了操作風險管理框架的建立問題[111]。安森尼·帕什建立了集成式操作風險管理框架，認為全面的操作風險管理應包括五大既相互關聯又相互獨立的要素：風險確認、風險度量、風險分析與監測、分配經濟資本、損失管理等，並分別進行了詳細解釋[12]。

第二方面，貝葉斯網路模型在操作風險中的應用。Alexander（2000）[112]

最早將貝葉斯網路應用於操作風險度量與管理。King（2001）[83]認為貝葉斯網路對於操作風險管理有很重要的意義，並系統介紹了貝葉斯網路的基本原理。Mashall（2001）[113]和Hoffman（2002）[114]將貝葉斯網路引入操作風險的管理和研究中。概括起來，貝葉斯網路的節點選擇主要有以下幾種情況：

第一種情況，以關鍵風險指標（KRIs）為節點。卡羅爾·亞歷山大（2003）[115]選擇未成功的交易數量、員工跳槽比率以及嚴重失誤發生頻率（或強度）等為關鍵風險指標，認為貝葉斯網路可確定關鍵風險指標的觸發程度（即風險一旦超過該「觸發程度」界限，管理層必須採取措施控制風險）。

第二種情況，以失敗事件引起的損失頻數和損失強度的期望值為節點。Ramamurthy 和 Arora 等（2005）[116]以公司行為過程（corporate actions processing）過失所造成的操作風險為例，建立了貝葉斯網路，並進行了情景分析和因果分析；卡羅爾·亞歷山大（2003）[115]選擇操作損失為節點建立貝葉斯網路，認為根據銀行中各種關鍵風險誘因的作用模型化損失頻數分佈和損失強度分佈，兩分佈結合起來可得到操作風險的總指標，即總損失分佈。Cowell 和 Verrall（2007）[117]分別針對損失頻數和損失強度建立貝葉斯網路。

第三種情況，以操作損失分佈特徵參數為節點。該方式主要用於度量操作風險，即基於損失分佈的貝葉斯網路度量法。相關文獻主要有：Yasuda（2003）[118]，Neil 和 Fenton 等（2005）[119]，Adusei-Poku（2005）[120]，Valle 和 Giudicib（2008）[121]。

1.5.2 中國操作風險管理研究現狀

1.5.2.1 操作風險管理的相關文件

中國操作風險管理起步較晚。2005年3月，中國銀監會發佈了第一個關於操作風險的文件，即《關於加大防範操作風險工作力度的通知》[122]，指出銀行機構對操作風險的識別與控制能力不能適應業務發展的問題突出。一些銀行機構由於相關制度不健全，或者對制度執行情況缺乏有效監督，對不執行制度規定者查處不力，風險管理和內部控制薄弱，大案、要案屢有發生，導致銀行大量資金損失。文件要求各銀行機構必須加大工作力度，進一步採取措施，有效防範和控制操作風險。各銀監局要高度關注銀行業金融機構的操作風險問

題，切實抓好在基層的監管抽查工作。文件並提出 13 條指導意見，分別從規章制度建設、稽核體制建設、基層行合規性監督、訂立職責制、行務管理公開等方面對銀行的機構管理提出了要求，從輪崗輪調、重要崗位人員行為失範監察制度、舉報人員的激勵機制等方面對銀行的人員管理提出了要求，從對帳制度、未達帳項管理、印押證管理、帳外經營監控、改進科技信息系統等方面對銀行的帳戶管理提出了要求。

2007 年 5 月，中國銀監會發布《商業銀行操作風險管理指引》[123]。該文件正式提出了操作風險的定義，並明確了中國操作風險管理與監管措施。文件提出操作風險管理體系包括五個基本要素：董事會的監督控制，高級管理層的職責，適當的組織架構，操作風險管理政策、方法和程序，計提操作風險所需資本的規定。在監管方面，商業銀行應及時向銀監會或其派出機構報告重大操作風險事件，操作風險管理政策和程序應報銀監會備案，銀監會對此將進行定期的檢查評估。對於銀監會在監管中發現的有關操作風險管理的問題，商業銀行應當在規定的時限內，提交整改方案並採取整改措施。

2007 年中國銀監會關於印發《中國銀行業實施新資本協議指導意見》的通知[124]，明確了中國銀行業實施新資本協議的目標、原則、範圍、方法、時間表以及主要措施。儘管中國銀行業的操作風險管理與國際接軌還需要一個過程，但是從國際、中國經濟發展形勢來看這是一個必然趨勢。

中國監管當局和銀行機構已意識到操作風險管理的重要性和緊迫性，不斷採取措施加強操作風險管理。總體上，中國銀行的操作風險管理主要是定性管理，定量管理還處於起步階段，沒有形成一套完整的操作風險度量方法。無法有效和準確地度量操作風險已成為中國提高操作風險管理水平的主要制約因素，因此，不能形成一個完整的操作管理系統。這些問題嚴重制約了中國銀行操作風險管理水平的進一步提高。

1.5.2.2 中國操作風險管理研究綜述

由於中國金融界對操作風險的破壞性認識較晚，理論界的研究和業界的管理實踐遠落後於國際水平，因此，中國理論研究以及實證的相關文獻資料較少。近年來，隨著操作風險事件的日益增加，金融改革的不斷深入，業界和理論界對操作風險管理的研究逐漸深入。目前，操作風險管理研究的文獻主要集

中在以下幾個方面：

第一，操作風險管理框架的探討。沈沛龍和任若恩（2001）[125]認為操作風險內控體系框架模型應包括：風險辨識、風險測量、風險處理、風險管理的實施、管理監督和控制文化、風險、激勵和考核等多個方面。巴曙松（2003）[126]認為金融機構應將信用風險、市場風險以及操作風險三種金融風險整合起來，建立完整而系統的操作風險管理框架。王廷科（2003）[127]探討了中國商業銀行引入操作風險管理的策略。喬立新和袁愛玲等（2003）[128]從內控機制的角度，探討了操作風險控制策略，認為操作風險控制系統應該包括六個子系統：操作風險管理指揮中心、業務操作風險管理中心、數據傳輸風險管理中心、操作風險報告系統、操作風險應急反應中心以及操作風險審計中心。

鐘偉和王元（2004）[129]認為新巴塞爾協議主要考慮十國集團成員國「國際活躍銀行」（Internationally Active Banks）的需要，不適合中國國情，認為應建立適應中國銀行業務發展水平的操作風險管理框架。劉超（2005）[130]提出基於作業的操作風險管理框架，即在銀行業務流程基礎上進一步細分為作業，以作業為基本單位來尋找並確認操作風險驅動因素，根據由關鍵作業和驅動因素構成的組合群來收集操作風險數據，度量操作風險，控制或緩釋操作風險。

厲吉斌（2006）[131]認為，實施有效的操作風險管理，需要構建以整體性和系統性為特徵的管理架構，其基本要素應包括風險文化、組織體系、流程體系、報告體系以及激勵約束等，以風險管理為中心進行有效整合，形成這些要素間積極互動、層次間交互作用的有機體系。厲吉斌和歐陽令南（2006）[132]根據風險管理價值理論的基本原理，認為綜合考慮銀行風險偏好、管理資源等約束條件，對操作風險進行排序管理，優化配置銀行管理資源，才可能實現操作風險管理價值最大化的目標，促進和提高銀行的操作風險管理水平和綜合競爭能力。

張新福和原永中（2007）[133]認為操作風險管理組織機構應包括三個層次：第一層次為董事會及高級管理層，第二層為風險管理部門和審計或稽核部門，第三層為業務部門。

第二，操作風險管理方法的探討。周效東和湯書昆（2003）[134]認為中國商業銀行應加強定量分析，建立定性與定量相結合的現代風險管理模式，制定

操作風險內控體系和風險防範制度。張吉光（2005）[135]從實務操作角度，對操作風險管理進行了理論分析和模型比較，建議採用定性分析和定量分析相結合的方法管理操作風險。閻慶民和蔡紅豔（2006）[136]分析了操作風險計量模型的適用性，結合中國銀行業實際情況，探討了中國商業銀行操作風險管理的問題。薛敏（2007）[137]認為操作風險度量模型應考慮管理活動對風險特徵的影響，綜合主觀和客觀因素，進行情景分析，提出操作風險管理的最佳模型是計分卡法與損失分佈法相結合的計量模型。

第三，貝葉斯網路模型在操作風險管理中的應用。鄧超和黃波（2007）[138]及薄純林和王宗軍（2008）[139]都以關鍵風險指標為目標節點、關鍵風險誘因為母節點，建立貝葉斯網路模型。詹原瑞和劉睿等（2008）[140]對基於貝葉斯網路的操作風險度量與管理模型進行了理論探討，並系統分析了貝葉斯網路在操作風險的度量與管理中所能實現的功能。

上述中國外文獻都認為，操作風險管理系統應是將風險確認、風險度量、風險分析與監測、分配經濟資本、損失管理等整合起來的一個完整框架。貝葉斯網路是一種能夠很好地應用於操作風險管理的模型。

1.6　問題提出和研究意義

目前，在高級計量法中，損失分佈法能夠較準確地反應金融機構內部的操作風險特徵，是一種極具風險敏感性的方法，因而在業界獲得廣泛應用。新巴塞爾協議規定，銀行必須表明所採用的方法考慮到了潛在較嚴重的概率分佈「尾部」損失事件。現有文獻研究發現，損失強度分佈具有顯著的重尾性。因此，重尾性操作風險研究具有重要現實意義。在高置信度下度量重尾性操作風險，極值模型法是一種最佳方法。基於上述原因，把損失分佈法和極值模型法結合起來，對重尾性操作風險的度量與管理問題進行研究，將具有重要的理論意義和實踐意義。

由於重尾性操作損失具有低頻高強度的特點，在度量中必然存在內外部損失樣本數據共享問題，因此，現有文獻首先研究了因損失樣本共享而導致度量

偏差的問題。損失分佈法下，從操作風險度量偏差形成機理看，共享樣本的複雜性使損失分佈的估計存在偏差，從而導致度量偏差，因此，探討共享樣本下損失分佈的估計問題是理解操作風險度量偏差問題的關鍵。但是，由前述文獻回顧可知，現有文獻僅研究了共享樣本是否或怎樣導致度量偏差，忽略了一個重要問題：共享損失樣本下操作損失分佈到底存在哪些情況。其次，當在高置信度下度量重尾性操作風險時，還可能存在模型外推問題。對這一系列問題的研究，有助於全面系統地理解度量偏差的形成機理，從而在度量實踐中避免或減小度量偏差，因而具有重大意義。

由於操作風險的重尾性和度量的高置信度，導致度量偏差的存在具有客觀性，以及不可忽視性，因此，其度量精度的研究成為一個非常重要的問題。已有文獻實際上都是在研究怎樣減小度量偏差的問題。儘管 Chavez-Demoulin 和 Embrechts（2006）[92]等人注意到了該問題，但因理論研究準備不足，而未能對此進行深入研究。對於重尾性操作風險，度量結果精確性的評價與度量本身同樣重要，因而，進一步研究度量精度問題，對於完善和發展損失分佈法在操作風險度量中的應用，將具有重要的理論意義和實踐意義。

由於重尾性操作風險既是新巴塞爾協議監管的核心，也是對金融機構構成致命威脅的風險，因此，有必要進一步研究其管理問題。現有文獻從整體管理框架和貝葉斯網路管理模型兩方面研究了操作風險的管理問題。從現有文獻的回顧中可發現度量模型和管理模型還是兩個分離的系統，沒有整合在一起。這導致在操作風險的整體管理框架中，度量不能為管理提供依據，管理的效果不能有效地以度量來進行檢驗。也就是說，目前的操作風險「整體管理框架」實際上還不是一個整合的有機系統。因此，研究度量模型與管理模型的整合問題具有重要意義。

通過對現有文獻的回顧發現兩個模型未能整合的關鍵原因在於，沒有找到能夠將兩個模型整合在一起的連接參數或模型。實際上，貝葉斯網路是一種能很好地將度量模型與管理模型整合在一起的模型。若能從度量的角度找到對操作風險影響程度最大的特徵參數作為管理措施所針對的關鍵參數（即關鍵管理參數），那麼，這個關鍵管理參數就成為連接度量模型與管理模型的關鍵變量。將管理措施（或關鍵風險指標）和關鍵管理參數整合在一個貝葉斯網路

模型中，從而將管理模型與度量模型整合在一起。因此，操作風險關鍵管理參數的研究，對於操作風險度量模型與管理模型的整合將具有重大意義。

在損失分佈法下，損失強度分佈模型的選擇，不僅影響重尾性操作風險的度量結果，而且影響操作風險管理系統的靈敏度。傳統的選擇方法是以擬合優度為標準，但是，在損失強度樣本擬合過程中，可能存在著兩個或以上的分佈模型的擬合優度很接近的情況，此時以擬合優度作為選擇標準就出現難以抉擇的問題。此外，操作風險管理和度量具有同等的重要性，因此，本書探討以管理系統靈敏度為標準來選擇損失強度分佈的方法，將具有重要的現實意義。

1.7 研究內容與結構

在現有研究的基礎上，本書將損失分佈法和極值模型法結合起來，研究重尾性操作風險的度量精度與管理問題。首先，本書將探討操作風險度量的有關問題：操作風險度量偏差的影響因素（第二章）、操作風險度量精度（第三章）；然後，探討重尾性操作風險的關鍵管理參數（第四章）；最後，提出損失強度分佈選擇的一種方法（第五章）。本書後續各章具體研究內容如下：

第二章從樣本異質性和模型外推問題兩個方面對操作風險度量中存在的偏差問題進行了系統歸納和探討。首先，從門檻差異和內外部管理環境差異兩方面探討了樣本異質性問題。新巴塞爾協議要求度量操作風險時必須引入外部損失樣本補充損失數據庫，因此，必然存在樣本異質性問題。這種樣本異質性將導致損失分佈模型的偏差，從而引起操作風險度量結果的偏差。然後，分析了模型外推問題。由於重尾性操作風險所產生的操作損失具有低頻高強度的特點，因此，在高置信度下的樣本量非常稀少。這不僅會導致樣本內估計操作風險價值問題，而且存在著樣本外估計操作風險價值問題，這必然會使操作風險度量結果存在偏差。由於損失樣本異質性和分佈模型外推導致的度量結果偏差由重尾性操作風險度量的特徵決定，表明這種偏差的存在具有必然性。

第三章探討了重尾性操作風險度量精度問題。在損失分佈法下，操作風險是以操作風險價值為度量結果的，因此，操作風險價值的置信區間長度表示操

作風險度量的精度。本章分別在 BMM 類模型和 GPD 類模型中選擇典型重尾分佈即 Weibull 分佈和 Pareto 分佈來作為操作損失強度的分佈，探討操作風險度量的精度問題。在對操作風險度量精度變動規律的理論研究基礎上，以示例分析驗證了理論模型的有效性。由該理論模型可知操作風險度量精度變動的趨勢及其關鍵影響參數。

第四章針對重尾性操作風險，以極值分佈模型為研究基礎，分別選擇兩類典型重尾分佈，即 Weibull 分佈和 Pareto 分佈作為操作損失強度，探討了操作風險的關鍵管理參數。首先，本章建立了操作風險關鍵管理參數判別模型；然後，以示例分析驗證了該理論模型的有效性。

第五章針對操作損失強度樣本擬合過程中，擬合優度很接近的分佈模型不能以擬合優度為標準進行選擇的問題，提出一種操作損失強度分佈的選擇方法：即以操作風險管理系統靈敏度最大為選擇標準，來進行操作損失強度分佈的選擇。假設損失強度分佈分別為 Pareto 分佈和 Weibull 分佈，以仿真方法通過對比在這兩類分佈下操作風險價值相對於分佈特徵參數的靈敏度，選擇操作損失強度的分佈模型。

第六章為全文總結和研究展望。

1.8　主要創新點

損失分佈法源自保險精算模型，已有文獻不僅在理論上探討了該方法在操作風險度量中的應用，而且進行了實證研究。本書在對現有文獻進行綜述的基礎上，發現操作損失強度具有明顯的重尾性，該類操作風險是新巴塞爾協議監管的重點對象。因此，本書將極值理論與損失分佈法結合起來，以典型重尾分佈（Weibull 分佈和 Pareto 分佈）為損失強度分佈假設，研究重尾性操作風險的度量精度與管理問題。本書主要創新點包括如下幾個方面：

（1）研究發現操作風險度量精度隨置信度和分佈特徵參數變動而變動，且度量精度靈敏度的變動僅與形狀參數和頻數參數有關。

（2）針對重尾性操作風險監管的重要性，本書建立了該類風險的關鍵管

理參數的判別模型，該關鍵管理參數將操作風險度量模型與管理模型連接在一起，為兩模型的整合建立了基礎。

（3）根據本書研究結果，提出了一種新的監管資本提取方式：在監管資本置信區間的下限提取監管資本，從置信下限到置信上限，配置以無風險資產。由此，將操作風險大小與其相應度量精度變化結合起來，監管資本越大，因其度量精度越差，而給出一個更大的監管資本控制範圍。這樣可使被監管機構在資本配置上具有一定的靈活性。

（4）針對損失強度分佈模型的選擇問題，本書提出以操作風險管理系統靈敏度為標準選擇損失強度分佈模型的方法，從而使損失強度分佈模型的選擇與操作風險管理結合起來。

2 操作風險度量偏差的影響因素

2.1 引言

本章主要從兩方面對操作風險度量偏差問題進行探討：樣本異質性（heterogeneity）和分佈模型外推。

一方面，在共享內外部操作損失樣本條件下，必然存在樣本異質性問題，由此將引起分佈模型偏差，從而影響操作風險價值估計。目前對樣本異質性的研究主要集中在兩個領域：

第一，是損失樣本記錄門檻（threshold）差異導致的樣本異質性。在假設內部損失樣本門檻為零的條件下，Frachot 和 Roncalli（2002）[13] 認為僅以內部樣本度量操作風險，會導致結果偏低，必須引入外部樣本補充內部樣本。Baud 和 Frachot 等（2002）[14] 認為內外部樣本共享時可能有三種情況的門檻：已知常數、未知常數和隨機變量。Baud 和 Frachot 等（2003）[15] 認為內部樣本和外部樣本都存在門檻，若忽視這些門檻，可能高估監管資本達 50% 以上。Frachot 和 Moudoulaud 等（2007）[17] 在共享內外部樣本條件下，探討了相關性對合成總監管資本的影響，並探討了特徵參數以及監管資本估計的準確性問題。Aue 和 Kalkbrener（2007）[18] 將外部損失數據按照一定權重引入內部損失數據庫，探討操作風險度量問題。

第二，除門檻外的其他因素（如金融機構規模、內部管理環境和外部管理環境等）也將導致樣本的異質性。Shih 和 Samad-Khan 等（2000）[4] 研究了

操作損失強度與機構規模間的關係，發現損失強度和機構規模間存在非線性關係。隨後，Hartung（2004）[19]完善了上述模型，並將影響損失的所有因素納入模型，建立損失強度轉換模型。Na（2004）[20]將損失強度細分為一般損失和特殊損失，建立損失強度的轉換公式。Na和Miranda等（2005）[21]將上述思想擴展到內外部操作損失頻數的轉換模型中。Na和Van（2006）[22]建立了操作損失頻率的轉換公式，並進行了分析。

另一方面，由於重尾性操作風險產生的損失樣本具有低頻高強度的特點，相關的實證研究表明當在高置信度下進行度量時存在分佈模型外推問題。Moscadelli（2004）[90]實證研究發現，LogNormal分佈從置信度90%開始低估風險，Gumbel分佈從置信度96%開始低估風險。高置信度下估計操作風險價值時，存在模型外推問題。

本章將對操作風險度量中存在的偏差問題進行系統探討。首先，探討樣本異質性問題；然後，分析分佈模型外推問題。

2.2　樣本異質性對分佈模型的影響

美聯儲等機構[9]的研究表明，以損失分佈法度量操作風險的機構在模型化低頻高強度損失的尾部事件時，多數機構直接引入外部損失樣本與內部樣本混合後度量操作風險，少數機構僅引入外部樣本做情景分析，只有兩家機構不使用外部樣本。巴塞爾委員會規定銀行的操作風險計量系統必須利用相關的外部數據[3]。可見，操作風險度量客觀上必然存在樣本異質性問題。

操作損失樣本異質性的含義有兩個方面：一是金融機構僅記錄損失強度超過某一門檻的操作損失的頻率和強度，由門檻差異而導致損失樣本的差異；二是不同金融機構內部的程序、人員狀況、系統存在差異，由此使不同機構發生損失的頻數和強度存在差異。最初的研究主要針對門檻導致的異質性，此後，隨著損失樣本量的增多，對除門檻外的其他因素導致的樣本異質性問題的研究也逐漸展開。

2.2.1 門檻導致的樣本異質性

美聯儲等機構[9]提供的數據表明，金融機構記錄操作損失的門檻在 0 到 10,000 美元之間。其中，記錄門檻為 0 的機構有六家，記錄門檻為 10,000 美元的機構有 9 家；以相同門檻來記錄不同業務線和風險類型的損失樣本的機構有 17 家，分別以不同門檻記錄不同業務線和風險類型的損失樣本的機構有 6 家。根據業界記錄損失樣本的情況來看，可將操作風險度量中所使用的損失樣本數據庫分為四類，針對不同類型數據庫，有不同損失強度分佈：

(1) 數據庫 A

在數據庫 A 中，金融機構記錄所有損失樣本，樣本門檻為 0，而且金融機構內外部環境沒有變化，損失樣本分佈相同。由此所共享的來源不同的樣本具有同質性，分佈相同。在此類共享數據庫中，損失強度分佈為[141-142]：

$$f(x;\theta) = f(x;\psi \mid H = 0) \quad (2-1)$$

式中，x 表示操作損失強度；ψ 表示損失強度分佈特徵參數；H 表示損失樣本門檻。

(2) 數據庫 B

在數據庫 B 中，來自不同金融機構損失樣本的門檻不為零，但門檻相同，而且金融機構內外部環境沒有變化，損失樣本分佈相同。由此所共享的來源不同的樣本具有同質性，分佈相同。在此類共享數據庫中，損失強度分佈為條件分佈[14]：

$$f^*(x;\psi) = f(x;\psi \mid H = h) = I\{x \geq h\} \frac{f(x;\psi)}{\int_h^{+\infty} f(x;\psi)dx} \quad (2-2)$$

式中，$I\{x \geq h\}$ 為示性函數：當 $x \geq h$ 時，$I\{x \geq h\} = 1$；當 $x < h$ 時，$I\{x \geq h\} = 0$。

如忽略門檻 H，度量得到的操作風險價值會偏大。

(3) 數據庫 C

在數據庫 C 中，來自不同機構的損失樣本的門檻不同，金融機構內外部環境沒有變化，損失樣本分佈相同。共享樣本具有同質性，但在最大門檻和最小門檻間的樣本量不同。在此類共享數據庫中，損失強度分佈為[17]：

$$f^*(x;\psi,h_i,p_i) \equiv f(x;\psi|H_1=h_1) \propto p_1 + \cdots + f(x;\psi|H_k=h_k) \propto p_k$$
(2-3)

式中，p_i 表示門檻為 h_i 的損失樣本量所決定的分佈的權重為 p_i。

即，該分佈由以下參數決定：

$$\psi, h_1, \cdots, h_k, p_1, \cdots, p_k$$

由此，如忽視門檻，度量得到的操作風險價值誤差將非常大[15]。此時，在樣本有限的條件下，得到的分佈有以下特點：首先，因有多個門檻存在，在分佈曲線上的每一門檻處，必然會出現一個跳躍點，使損失樣本分佈偏離真實分佈；其次，由於未考慮門檻，會使操作風險價值被高估。

(4) 數據庫 D

在數據庫 D 中，來自不同金融機構損失樣本的門檻不同。金融機構內外部環境不同，從而使操作損失分佈也不同。共享的不同來源的樣本具有異質性。其損失強度分佈為多個分佈混合而成的混合分佈[141-142]：

$$f^*(x;\psi,h_i,p_i) = \begin{cases} f_1(x;\psi|H_1=h_1) \cdots\cdots\cdots\cdots\cdots\cdots\cdots\cdots\cdots\cdots\cdots h_1 \leqslant x < h_2 \\ f_1(x;\psi|H_1=h_1) \propto p_1 + f_2(x;\psi|H_2=h_2) \propto p_2 \cdots\cdots\cdots h_2 \leqslant x < h_3 \\ \cdots \\ \cdots \\ f_1(x;\psi|H_1=h_1) \propto p_1 + \cdots + f_{s-1}(x;\psi|H_{s-1}=h_{s-1}) \propto p_{s-1} \cdots h_{s-1} \leqslant x < h_s \\ f_1(x;\psi|H_1=h_1) \propto p_1 + \cdots + f_s(x;\psi|H_s=h_s) \propto p_s \cdots\cdots\cdots h_s \leqslant x \end{cases}$$
(2-4)

式中，f_i 表示當門檻為 h_i 的損失樣本量所決定分佈的權重為 p_i 時，損失強度分佈函數的對應關係。

即，該分佈函數為分段函數，由以下參數決定：

$$\psi, f_1, \cdots, f_s, h_1, \cdots, h_s, p_1, \cdots, p_s$$

如既不考慮損失樣本分佈的不同，也不考慮樣本門檻的差異，將導致操作風險價值重大誤差的出現。

以上將操作損失樣本數據庫從簡單到複雜分成四種類型，在不同數據庫狀態下存在不同的損失分佈函數。在損失分佈法下是以操作損失分佈在置信度為

99.9%時的分位數作為操作風險度量結果的。因此,若忽略門檻的存在,不考慮不同數據庫狀況下損失分佈函數不同所帶來的對度量結果的影響,必然會導致操作風險度量的偏差。

2.2.2 除門檻外其他因素導致的樣本異質性

除門檻以外的因素主要有兩方面:其一,是金融機構內部的程序、人員狀況、系統等內部環境;其二,是金融機構所處的外部環境。不同金融機構在這兩方面都會存在差異,這必然導致不同金融機構發生的損失樣本在頻率和強度上存在很大異質性,使金融機構操作損失的頻率分佈和強度分佈不同,進而使度量結果產生偏差。當共享不同機構發生的具有異質性的損失樣本時,若能將這些具有異質性的損失樣本通過某一模型轉換為同質性的樣本,即進行樣本同質性處理,便能在一定程度上減小操作風險度量的偏差。

業界和理論界對操作風險度量的研究,最初關注的一個核心問題就是損失樣本的異質性問題。但該問題的解決卻遇到很大困難,其原因在於要建立這樣的轉換模型需要大量操作損失數據。而操作損失數據的收集工作的開展卻很晚,從巴塞爾委員會最近損失數據收集結果[9]看,最早的損失數據收集是從1999年開始的。因此,將異質性損失樣本轉換為同質性損失樣本的研究工作開展也較晚。儘管如此,相關文獻仍以有限的損失數據樣本對該問題進行了研究。

最早,Shih 和 Samad-Khan 等(2000)[4]認為操作損失強度與金融機構規模間存在如下關係:

$$L = R^a x F(\sigma) \qquad (2-5)$$

式中,L 表示實際損失量;R 表示金融機構收入規模;a 表示規模因子;σ 表示不能被 R 解釋的其他風險因子矢量。

當 $a=1$ 時,R 與 L 間是線性關係;當 $a>1$ 時,L 隨著 R 的增加而遞增;當 $a<1$ 時,L 隨著 R 的增加而遞減。

該文獻實證研究發現,損失強度和機構規模間存在非線性關係。在代表機構規模的三個變量(總收入、總資產和雇員數量)中,總收入與損失強度間相關性最強。但進一步研究發現,總收入僅能解釋5%的損失強度,95%的損

失強度主要與產品線類型、管理質量以及環境控制的有效性等有關。因而，該模型實際上不能解決異質性樣本的損失強度轉換問題。

隨後，Hartung（2004）[19]進一步完善了上述模型，認為僅考慮收入對操作損失的影響不全面，應將影響損失的所有因素納入模型，建立操作損失強度轉換模型：

$$Loss_{adj} = Loss_{org} \left\{ 1 + a \left[\left(\frac{Scal.\ Param(Loss_{adj})}{Scal.\ Param(Loss_{org})} \right)^b - 1 \right] \right\} \quad (2-6)$$

式中，$Loss_{adj}$ 表示被調整銀行的操作損失；$Loss_{org}$ 表示基準銀行的操作損失；$Scal.\ Param(Loss_{adj})$ 表示被調整銀行的比例參數；$Scal.\ Param(Loss_{org})$ 表示基準銀行的比例參數。a，b 表示調整因子：$a \in [-1; 1]$，$b \in [0; 1]$。

Na（2004）[20]對操作損失強度做了進一步細分，將其分解為一般損失和特殊損失：一般損失捕捉到銀行一般性變化，比如宏觀經濟的、地理政治的以及文化環境等的變化；特殊損失捕捉業務線或損失事件的特性。由此，該學者得到機構間操作損失強度的轉換模型：

$$\frac{L_{T,\ B_1}}{(R_{idiosyncratic})_{T,\ B_1}^{\lambda}} = \frac{L_{T,\ B_2}}{(R_{idiosyncratic})_{T,\ B_2}^{\lambda}} \quad (2-7)$$

式中，$L_{T,\ B_i}$ 表示 T 時期業務線 B_i 發生的操作損失；$(R_{idiosyncratic})_{T,\ B_i}$ 表示 T 時期銀行或業務線的收入，是對銀行業務線特性的估計；λ 表示比例因子。

進一步，Na 和 Miranda 等（2005）[21]將上述思想擴展到內外部操作損失頻數的轉換模型中，並進行了計量分析。Na 和 Van（2006）[22]建立了操作損失頻率轉換的計量模型。

根據損失樣本的異質性及其轉換模型，可以看出操作風險度量偏差可能來自三方面：

第一，轉換模型差異導致的度量偏差。上述文獻分別根據損失樣本數據資料，從不同角度建立了不同來源共享損失樣本的轉換模型。由於這些模型具有明顯的差異，因此，即使損失數據庫相同，經不同模型轉換後得到的損失數據庫也會不同，從而導致不同的度量結果。

第二，模型誤差導致的度量偏差。操作損失轉換模型還將隨著損失樣本量的增加以及損失樣本分類的細密化而不斷改進，要標準化損失轉換公式還有一

個很漫長的過程；穩定且精確的轉換模型的建立，需要大量歷史損失樣本，以目前有限的操作損失樣本量得到的轉換公式是不可靠的。

第三，內外部環境變化導致的偏差。由於不同機構的內外部環境存在很大差異，操作風險狀況也存在很大差異，因此，在任意兩兩金融機構間都應該有獨立的損失轉換模型。不僅金融機構的內部程序、人員狀況、系統等內部環境是不斷變化的，而且外部管理環境也在不斷變化，這些變化都將使操作風險狀況不斷地發生變化，因此不同機構間操作損失轉換模型實際上應是動態模型。金融機構內外部環境的不斷變化，使該轉換公式也不斷變化，這導致轉換模型呈現出不確定性。因轉換模型是根據歷史損失樣本導出的，這使轉換模型的變更總是滯後，沒有前瞻性。因此，已有文獻給出的損失樣本轉換僅是一種近似的樣本一致性處理，不可能徹底消除操作風險度量偏差。

由上述分析可知，在操作損失樣本量不足的情況下，不引入外部損失樣本，會因小樣本而導致高置信度下操作風險價值估計的不確定度的顯著增大[7]。即使存在大量損失樣本，若僅以內部損失樣本來度量操作風險，也會導致低估操作風險[13]。因此，在度量操作風險時，必然存在共享內外部損失樣本的問題。新巴塞爾協議也對此進行了明確規定，即必須引入外部損失樣本補充內部樣本後再度量操作風險監管資本，以確保度量結果不產生過大偏差。

損失樣本閾值和機構內外部環境差異導致了損失樣本異質性。儘管已有文獻提出了各自的解決辦法，但這些辦法只能是一種近似。因此，樣本異質性必然會導致操作風險度量偏差。

2.3 分佈模型外推導致的偏差

在損失分佈法下，通過操作損失樣本數據來估計損失強度分佈，選擇擬合度最好的分佈模型作為最優模型。損失樣本數據量越大，所估計的分佈模型越接近「真實分佈」。但是，重尾性操作風險發生的損失樣本存在顯著特點：總體上數據量比較少，且隨著損失量的增加，損失頻數越來越少。操作風險監管資本是以置信度為99.9%時的操作風險價值來進行度量，即操作風險度量實際

上是估計分佈尾部當置信度為99.9%時的分位數。這導致在度量重尾性操作風險的尾部風險時所得到的操作風險價值可能有兩種情況：樣本內估計操作風險價值和樣本外估計操作風險價值，即存在分佈模型的外推問題。

2.3.1 樣本內估計操作風險價值

由於操作損失樣本對於某一分佈的擬合優度是針對所有樣本的總體評價結果，因此，所得到的最優分佈可能有兩種情況：第一種情況，對分佈主體部分擬合得很好，但對分佈尾部擬合得不好；第二種情況，對分佈主體部分擬合得不好，但對分佈尾部擬合得很好。

Marco Moscadelli（2004）[90]對巴塞爾委員會於2002年收集的操作損失樣本的實證研究表明存在第一種情況，如圖2-1：

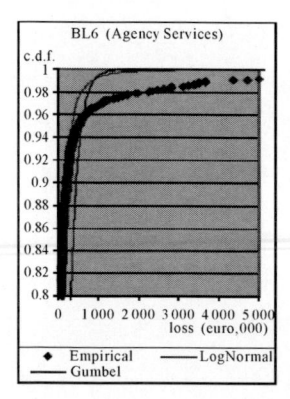

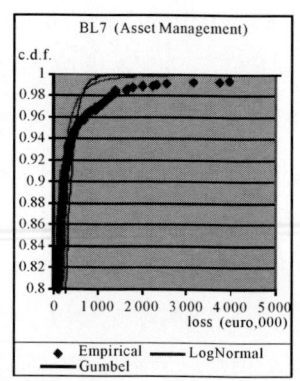

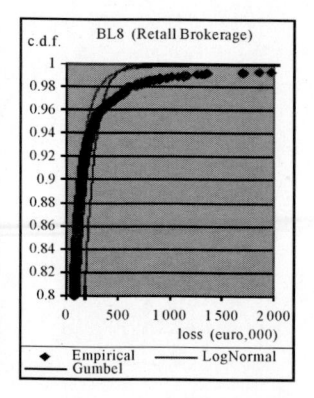

圖2-1　BL6、BL7以及BL8的經驗分佈及所擬合的LogNormal和Gumbel分佈尾部比較

由上圖可看到：產品線BL6、BL7以及BL8的損失強度樣本在置信度94%左右以下時對LogNormal分佈擬合較好，在置信度96%左右以下時對Gumbel分佈擬合較好，但在超過該置信度時對分佈尾部擬合得很差，嚴重低估操作風險價值。Marco Moscadelli（2004）[90]計算出的結果表明，LogNormal分佈和Gumbel分佈的擬合優度都比較高，若僅是以總體樣本的擬合優度來選擇分佈，所度量出的操作風險價值必然存在很大偏差。計算結果表明，總體上看Gumbel分佈的擬合優度大於LogNormal分佈，因此，Gumbel分佈是最優分佈。但本次針對操作風險的調查結果顯示，有一半以上的機構以LogNormal分佈來模型化操作損失強度的主體部分的分佈[9]，這使度量結果必然會存在偏差。

由於操作風險度量的置信度很高，巴塞爾委員會規定的置信度為99.9%，因此，對於重尾性操作風險來說，重要的是選擇對分佈尾部擬合優度高的分佈，而不是對損失樣本整體擬合優度高的分佈[142]。

2.3.2 樣本外估計操作風險價值

由於重尾性操作風險在分佈尾部的損失樣本量很少，因此，可能在置信度99.9%附近沒有樣本發生，即必須要在樣本外估計操作風險價值。

如圖2-1，若產品線BL6、BL7以及BL8在高於置信度94%後沒有損失樣本產生，那麼，LogNormal分佈和Gumbel分佈對損失樣本的擬合優度可能很接近。這將導致在最優分佈模型的選擇上出現難以決策的情況出現。但是，Log-Normal分佈和Gumbel分佈在尾部完全不同，從而導致不同的操作風險價值。這必然會使度量結果出現不可避免的偏差。儘管新巴塞爾協議規定必須引入外部損失樣本補充內部樣本後進行操作風險度量，但這些高強度損失畢竟不是本機構發生的真實樣本，引入這些高強度樣本作情景分析是可以的，但若作監管資本度量則可能偏向保守。並且如前述分析所示，外部樣本存在著門檻及其他因素導致的異質性，這必然導致操作風險度量產生偏差。

由上述分析可知，由於操作風險的重尾性以及度量的高置信度性，不管是樣本內估計操作風險價值，還是樣本外估計操作風險價值，都必然會產生度量偏差[142]。這種分佈模型的外推問題對操作風險度量產生的影響是不可避免的，這是由重尾性操作風險度量的特徵決定的。

2.4 本章小結

本章從樣本異質性和模型外推問題兩個方面對操作風險度量中存在的偏差問題進行了系統歸納和探討。由於損失分佈法是以操作損失樣本為基礎來度量操作風險的，損失樣本本身的狀況對操作風險度量結果起著決定性影響。若不引入外部損失樣本，可能因小樣本而導致高置信度下操作風險價值估計偏差的顯著增大。即使存在大量損失樣本，僅以內部損失樣本來度量操作風險，也會

導致低估操作風險。若以內外部損失樣本合成的共享數據庫來度量操作風險，又存在著樣本異質性問題。新巴塞爾協議要求度量操作風險時必須引入外部損失樣本補充損失數據庫，因此，必然存在樣本異質性問題。對此，本章從門檻差異和內外部管理環境差異兩方面進行了探討。這種樣本異質性將導致損失分佈模型的偏差，從而引起操作風險度量結果的偏差。

進一步，對分佈模型外推問題進行分析。由於重尾性操作風險所產生的操作損失具有低頻高強度的特點，因此，在高置信度下的樣本量非常稀少。這不僅會導致樣本內估計操作風險價值問題，而且存在著樣本外估計操作風險價值問題，這必然會使操作風險度量結果存在偏差。

由於損失樣本異質性和分佈模型外推導致的度量結果偏差由重尾性操作風險度量的特徵決定，表明這種偏差的存在具有必然性，因此，在損失分佈法下，研究操作風險度量結果（操作風險價值）的置信區間具有非常重大的現實意義。這對發展和完善損失分佈法也具有重要意義。

3 重尾性操作風險度量精度

3.1 引言

第二章研究結論表明，以損失分佈法度量操作風險時，客觀上存在著損失樣本異質性問題，必然導致操作風險度量的偏差；進一步，對於重尾性操作風險，還存在著損失分佈模型外推問題，不僅導致樣本內估計操作風險價值問題，而且導致樣本外估計操作風險價值問題，使重尾性操作風險度量結果產生更大的偏差。由於重尾性操作風險度量結果偏差的存在具有必然性，因此，進一步探討操作風險度量的精度具有重大的理論意義和現實意義。

從提出以損失分佈法度量操作風險開始，理論界就開始關注操作風險度量的精度問題，相關研究主要集中在兩方面。

第一方面，探討如何提高操作風險價值精度，主要集中在兩方面。其一，是樣本門檻導致的異質性問題。若內部損失樣本沒有門檻，Frachot 和 Roncalli（2002）[13]認為僅以內部樣本度量操作風險，會導致結果偏低，須以外部樣本補充內部樣本；Baud 和 Frachot 等（2002）[14]認為內外部樣本共享時可能有三種情況的門檻：已知常數、未知常數和隨機變量；Baud 和 Frachot 等（2003）[15]認為內部樣本和外部樣本都存在門檻，若忽視這些門檻，將高估監管資本，且實例分析發現可能高估達 50% 以上；進一步，Frachot 和 Moudoulaud 等（2007）[17]在共享內外部樣本條件下，探討了相關性對合成總監管資本的影響，並探討了特徵參數以及監管資本估計的準確性問題。其二，是

除門檻外的其他因素導致的樣本異質性問題。損失樣本異質性影響了損失強度分佈和損失頻數分佈，因此，共享內外部損失樣本時，須分別地將損失強度和損失頻數進行同質性轉換。在損失強度轉換模型方面：Shih 和 Samad-Khan 等（2000）[4]發現損失強度和機構規模間存在非線性關係，在代表機構規模的三個變量（總收入、總資產和雇員數量）中，總收入與損失強度間相關性最強，但總收入僅能解釋5%的損失強度，95%的損失強度主要與產品線類型、管理質量以及環境控制的有效性等有關。Hartung（2004）[19]認為僅考慮收入模型對操作損失的影響不全面，應將所有影響損失的因素納入模型，並建立了機構間操作損失強度的轉換模型。進一步，Na（2004）[20]將操作損失強度細分為一般損失和特殊損失，一般損失捕捉到所有銀行所有一般性變化，特殊損失捕捉業務線或損失事件的特性，並建立機構間操作損失強度的轉換公式。在損失頻數轉換模型方面：Na 和 Van（2006）[22]建立了不同機構間的操作損失頻率的轉換公式。

第二方面，探討操作風險價值精度的度量機理。Jack（2001）[143]認為操作風險價值是間接度量值，通過度量估計貢獻因子及其與度量值的函數關係，根據不確定性傳遞理論[144]，將各個因子的誤差傳遞到度量中，就可建立度量值的誤差估計模型，即如果能度量估計分佈特徵參數及其與操作風險價值的函數關係，特徵參數的誤差將傳遞形成操作風險價值的誤差。

但是，在損失分佈法下，由於包括卷積公式、稀疏向量算法以及 Panjer 遞推等在內的計算方法都不能得到操作風險價值的解析解，因此，操作風險度量的精度的估計問題成為了一大難題。

Bocker 和 KlÄuppelberg（2005）[145]、Bocker 和 Sprittulla（2006）[146]以及 Bocker（2006）[147]系統研究後發現，當以損失分佈法度量操作風險時，操作風險價值的解析解在一般分佈情況下是不存在的，但在估計重尾性操作風險尾部的操作風險價值時，該解析解存在。已有實證研究表明，存在一類操作風險，其操作損失強度為重尾性分佈。重尾性操作風險度量正好滿足操作風險價值解析解存在的條件：新巴塞爾協議規定，操作風險監管資本是以置信度 α 為99.9%時的風險價值（即操作風險價值）來進行度量的，即是在操作損失分佈的尾部估計操作風險價值，因此，重尾性操作風險監管資本（操作風險價值）

的解析解存在。操作風險價值的解析解將操作損失分佈的特徵參數與操作風險價值直接聯繫起來，這使探討操作風險度量精度問題成為可能。

操作風險對銀行的威脅主要來自重尾性操作風險事件，這也是度量監管資本時主要考慮的對象。極值模型法是度量重尾性操作風險的最佳方法[55]。極值模型主要有兩類[24,148]：經典區組樣本極大值模型（Block Maxima Method，BMM）和廣義 Pareto 模型（Generalized Pareto Distribution，GPD）。

在損失分佈法下，操作風險度量結果為操作風險價值，因此，操作風險價值的置信區間長度即是操作風險度量的精度[149-151]。本章將在相關實證研究基礎上，分別在上述兩類極值分佈下探討操作風險度量精度問題，即分別假設操作損失強度為 Weibull 分佈（BMM 模型）和 Pareto 分佈（GPD 模型），對操作風險度量精度進行探討。首先，通過分析高置信度下操作風險價值的解析解，度量出操作風險價值的標準差；然後，探討操作風險價值的置信區間長度的靈敏度，探討操作風險度量精度變化規律。

3.2 Pareto 分佈下操作風險度量的精度

廣義 Pareto 分佈由 Pickands（1975）[46] 最早介紹，Davison（1984）[47]、Smith（1984，1985）[48-49] 以及 Montfort 和 Witter（1985）[50] 做了進一步研究。它廣泛應用於極值分析、擬合保險損失以及可靠性研究領域，常用指數分佈去區分厚尾及薄尾的分佈特性。當位置參數為 0 時，廣義 Pareto 分佈的分佈函數為如下[24]：

$$G(x;\theta_p,\xi_p) = \begin{cases} 1 - \exp(-\dfrac{x}{\theta_p}) \cdots\cdots\cdots\cdots\cdots \xi_p = 0 \\ 1 - (1 + \xi_p)^{-\dfrac{1}{\xi_p}} \cdots\cdots\cdots\cdots \xi_p \neq 0 \end{cases}$$

式中，ξ_p 表示形狀參數；θ_p 表示尺度參數。

在廣義 Pareto 分佈中，當 $\xi_p = 0$ 時，為指數分佈（Pareto Ⅰ 型），當 $\xi_p > 0$ 時，為 Pareto 分佈（Pareto Ⅱ 型），當 $\xi_p < 0$ 時，為 Beta 分佈（Pareto Ⅲ 型）。

其中 Pareto 分佈（Pareto Ⅱ型）是重尾性分佈（其分佈的密度函數以幂函數的速度衰減至 0[55]），其高階矩（大於 $1/\xi_p$ 階的矩）不存在。在公式中，尺度參數 θ_p 表明 Pareto 分佈的離散程度，θ_p 越大，分佈的離散程度越大；形狀參數 ξ_p 表明 Pareto 分佈尾部厚度以及拖尾的長度，又稱為尾指數，ξ_p 越大，分佈拖尾越長，尾部越厚。

3.2.1 操作風險度量的精度

在操作損失強度為重尾性分佈的情況下，當以損失分佈法度量該操作風險的複合分佈的尾部風險時，在高置信度 α 下的操作風險價值 [the Operational VaR, $OpVaR(\alpha)$] 解析解如下[145-147]：

$$OpVaR_{\Delta t}(\alpha) \cong F^{-1}\left[1 - \frac{1-\alpha}{EN(\Delta t)}\right] \quad (3-1)$$

式中：Δt 表示估計 $OpVaR(\alpha)$ 的目標期間；α 表示由操作損失強度分佈和損失頻率分佈複合成的複合分佈的置信度；$F(\cdot)$ 表示操作損失強度累積分佈函數；$EN(\Delta t)$ 表示當目標期間為 Δt 時操作損失頻數的期望值 [為討論方便，以下用符號 μ 替換 $EN(\Delta t)$]。

由（3-1）式，根據累積分佈函數性質可知

$$0 \leqslant 1 - \frac{1-\alpha}{\mu} \leqslant 1$$

因此，有 $\frac{\mu}{1-\alpha} \geqslant 1$。

假設操作損失強度為 Pareto 分佈：

$$F(x) = 1 - (1 + \xi_p \frac{x}{\theta_p})^{-\frac{1}{\xi_p}} \quad x > 0, \ \xi_p > 0, \ \theta_p > 0 \quad (3-2)$$

式中：x 表示操作損失強度；θ_p 表示 Pareto 分佈尺度參數；ξ_p 表示 Pareto 分佈形狀參數。

將（3-2）式代入（3-1）式，可得

$$OpVaR_{\Delta t}(\alpha)_p \cong \frac{\theta_p}{\xi_p}\left[\left(\frac{\mu}{1-\alpha}\right)^{\xi_p} - 1\right] \quad \xi_p > 0, \ \theta_p > 0, \ \mu \geqslant 0 \quad (3-3)$$

以下證明（3-3）式在前述條件下有意義：

因為

$$\frac{\mu}{1-\alpha} \geq 1 \text{ 且 } \xi_p > 0$$

則

$$\left(\frac{\mu}{1-\alpha}\right)^{\xi_p} \geq 1$$

所以

$$OpVaR_{\Delta t}(\alpha)_p \geq 0$$

即（3-3）式有意義。

無操作風險狀態為：

當 $\frac{\mu}{1-\alpha} = 1$ 時，則

$$\left(\frac{\mu}{1-\alpha}\right)^{\xi_p} = 1$$

所以

$$OpVaR_{\Delta t}(\alpha)_p = 0$$

即理論上不存在操作風險。

一般操作風險狀態為：當 $\frac{\mu}{1-\alpha} > 1$ 時，則

$$\left(\frac{\mu}{1-\alpha}\right)^{\xi_p} > 1$$

所以

$$OpVaR_{\Delta t}(\alpha)_p > 0$$

這是商業銀行操作風險的一般狀態，以下將探討在該狀態下操作風險的度量精度問題。

根據 Jack L. King（2001）和中華人民共和國國家質量技術監督局（1999）提出的數據和標準，給出不確定性傳遞系數定義如下：

定義3-1 不確定性傳遞系數是指特徵參數（ξ_p、θ_p、μ）的不確定度合成到 $OpVaR(\alpha)$ 的不確定度中去的比例。特徵參數 ξ_p、θ_p、μ 的不確定性傳遞系數分別為[152]：

$$c_{\theta_p} = \frac{\partial OpVaR(\alpha)}{\partial \theta}$$

$$c_{\mu} = \frac{\partial OpVaR(\alpha)}{\partial \mu}$$

$$c_{\xi_p} = \frac{\partial OpVaR(\alpha)}{\partial \xi_p}$$

根據 $OpVaR(\alpha)$ 不確定度的合成機理[143,144,153]，特徵參數 ξ_p、θ_p 與 μ 的標準差經不確定性傳遞系數的傳遞，合成 ξ_p 的標準差。因此，當不考慮 ξ_p、θ_p 與 μ 之間的相關性時，可得 $OpVaR(\alpha)$ 的標準差如下[152]：

$$\sigma_{OpVaR(\alpha)_p} = \sqrt{\left(\frac{\partial OpVaR}{\partial \theta_p}\right)^2 \sigma_{\theta_p}^2 + \left(\frac{\partial OpVaR}{\partial \mu}\right)^2 \sigma_{\mu}^2 + \left(\frac{\partial OpVaR}{\partial \xi_p}\right)^2 \sigma_{\xi_p}^2} \quad (3-4)$$

式中，$\frac{\partial OpVaR}{\partial \xi_p}$、$\frac{\partial OpVaR}{\partial \theta_p}$、$\frac{\partial OpVaR}{\partial \mu}$ 分別表示參數 ξ_p、θ_p 與 μ 的不確定性傳遞系數；σ_{ξ_p}、σ_{θ_p} 及 σ_{μ} 分別表示 ξ_p、θ_p 與 μ 的標準差。

由 (3-4) 式所得 $OpVaR(\alpha)_p$ 的標準差可知，$OpVaR(\alpha)_p$ 的置信區間為 $[OpVaR(\alpha)_p \pm \tau \sigma_{OpVaR}]$，其中 τ 為某一置信度下的置信系數。該置信區間長度衡量了操作風險度量的精度，因此，以下將對此進行研究。

3.2.2 操作風險度量精度及其靈敏度

$OpVaR(\alpha)_p$ 置信區間的長度表徵了 $OpVaR(\alpha)_p$ 估計的精度，由兩個量決定：置信系數 τ 和 $OpVaR(\alpha)_p$ 的標準差。置信系數 τ 由主觀設定的置信度決定；$OpVaR(\alpha)_p$ 的標準差由分佈特徵參數標準差和不確定性傳遞系數共同決定。其中，分佈特徵參數的變化僅影響不確定性傳遞系數，因此，不確定性傳遞系數相對於特徵參數（ξ_p、θ_p、μ）變化的靈敏度，反應了 $OpVaR(\alpha)_p$ 置信區間的長度相對於特徵參數（ξ_p、θ_p、μ）變化的靈敏度。基於此，以下將通過分析不確定性傳遞系數相對於分佈特徵參數的靈敏度，探討操作風險價值置信區間的長度的靈敏度，以探討操作風險度量的精度變化規律：首先，以仿真分析方法對不確定性傳遞系數進行直接探討；然後，以彈性分析方法探討置信區間長度靈敏度。

3.2.2.1 不確定性傳遞系數的仿真分析

將 (3-3) 式代入定義 3-1，可得

$$c_{\theta_p} = \frac{1}{\xi_p}\left[\left(\frac{\mu}{1-\alpha}\right)^{\xi_p} - 1\right] \qquad (3-5)$$

$$c_\mu = \frac{\theta_p}{\mu}\left(\frac{\mu}{1-\alpha}\right)^{\xi_p} \qquad (3-6)$$

$$c_{\xi_p} = \frac{\theta_p}{\xi_p}\left(\frac{\mu}{1-\alpha}\right)^{\xi_p}\ln\frac{\mu}{1-\alpha} - \frac{\theta_p}{\xi_p^2}\left[\left(\frac{\mu}{1-\alpha}\right)^{\xi_p} - 1\right] \qquad (3-7)$$

由（3-5）、（3-6）以及（3-7）式可知，不確定性傳遞系數（c_{θ_p}、c_μ、c_{ξ_p}）與分佈特徵參數 ξ_p、θ_p、μ 以及置信度 α 間呈現出非線性的複雜關係，該變化關係反應了操作風險價值置信區間長度與分佈特徵參數 ξ_p、θ_p、μ 以及置信度 α 間的靈敏度關係。以下將以仿真方法通過分析不確定性傳遞系數，對操作風險價值置信區間長度靈敏度進行初步探討。

Marco Moscadelli（2004）[90]對巴塞爾委員會所收集的操作損失數據進行了實證研究，所得操作損失頻數期望值和當損失強度為 Pareto 分佈時的特徵參數值如表 3-1 所示。

表 3-1　　　　　操作損失分佈特徵參數 ξ_p、θ_p、μ 值

業務線	BL1	BL2	BL3	BL4	BL5	BL6	BL7	BL8
μ	1.8	7.4	13	4.7	3.92	4.29	2.6	8
θ_p	774	254	233	412	107	243	314	124
ξ_p	1.19	1.17	1.01	1.39	1.23	1.22	0.85	0.98

註：a. 表中參數 ξ_p、μ、θ_p 的數值來自 Marco Moscadelli（2004）[90]的研究；b. 業務線 BL1-BL8 的分類是以新巴塞爾協議為分類標準的

在表 3-1 中分佈特徵參數 ξ_p、θ_p、μ 的變化範圍內取最大值、最小值和中間值，如表 3-2 所示，作為仿真分析的數據取值點。

表 3-2　　　　　分佈特徵參數 ξ_p、θ_p、μ 取值

	ξ_p	θ_p	μ
曲線 L、L′ 及 L″	1.04	440	3.48
曲線 X_1、X'_1 及 X''_1	1.39	440	3.48
曲線 X_2、X'_2 及 X''_2	0.85	440	3.48

表3-2(續)

	ξ_p	θ_p	μ
曲線 C_1、C'_1 及 C''_2	1.04	774	3.48
曲線 C_2、C'_2 及 C''_2	1.04	107	3.48
曲線 P_1、P'_1 及 P''_1	1.04	440	13.00
曲線 P_2、P'_2 及 P''_2	1.04	440	1.80

根據公式（3-5），首先以表3-1中 ξ_p、θ_p、μ 的中間值為取值點得曲線 L'，再分別以最大值和最小值作為新的取值點，分別得出曲線 X'_1 和 X'_2、曲線 P'_1 和 P'_2，即得出 c_{θ_p} 的變化趨勢圖，如圖3-1。

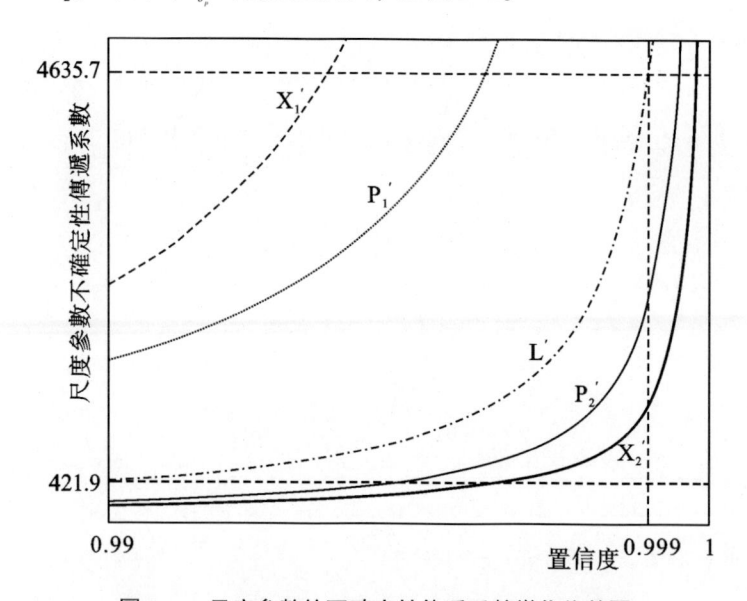

圖 3-1 尺度參數的不確定性傳遞系數變化趨勢圖

根據公式（3-6），首先以表3-2中 ξ_p、θ_p、μ 的中間值為取值點得曲線 L''，再分別以最大值和最小值作為新的取值點，分別得出曲線 X''_1 和 X''_2、曲線 P''_1 和 P''_2，即得出 c_μ 的變化趨勢圖，如圖3-2。

图 3-2　频数参数的不确定性传递系数变化趋势图

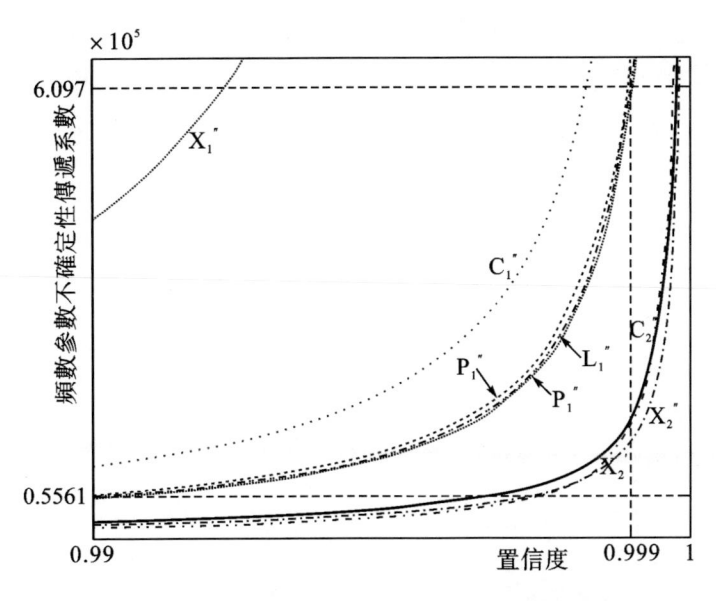

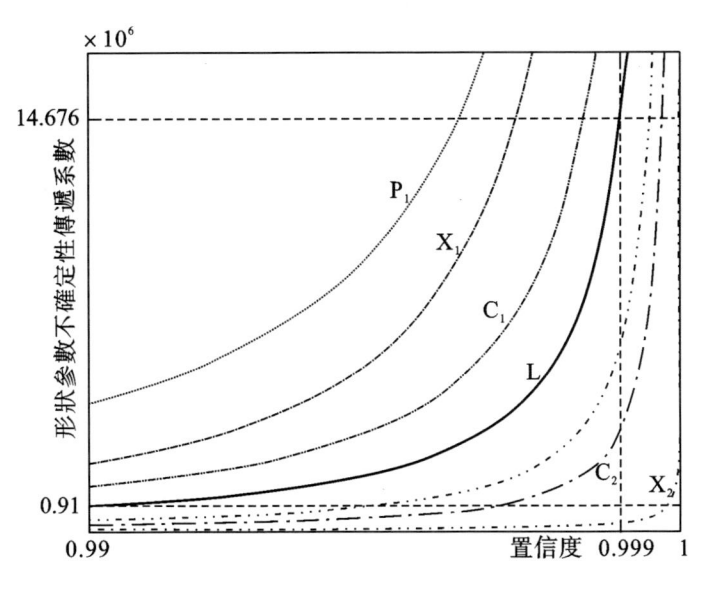

根据公式（3-7），首先以表 3-2 中 ξ_p、θ_p、μ 的中间值为取值点得曲线 L，再分别以最大值和最小值作为新的取值点，分别得出曲线 X_1 和 X_2、曲线 P_1 和 P_2，即得出 c_{ξ_p} 的变化趋势图，如图 3-3。

图 3-3　形状参数的不确定性传递系数变化趋势图

從圖（3-1）、（3-2）以及（3-3）可看出，隨 α 遞增，c_{θ_p}、c_μ、c_{ξ_p} 都遞增，當 $\alpha \to 1$ 時，$c_{\xi_p} \to +\infty$，$c_{\theta_p} \to +\infty$，$c_\mu \to +\infty$。歸納起來，c_{θ_p}、c_μ、c_{ξ_p} 的變化有如下特點[154]：

① c_{ξ_p} 相對於 α 變動的靈敏度最大

在曲線 L、L′ 及 L″ 上，當 α 為 99% 與 99.9% 時，對 c_{θ_p}、c_μ、c_{ξ_p} 進行比較如下：

$$\frac{c_{\xi_p}(99.9\%)}{c_{\xi_p}(99\%)} = 16.1275$$

$$\frac{c_{\theta_p}(99.9\%)}{c_{\theta_p}(99\%)} = 10.9877$$

$$\frac{c_\mu(99.9\%)}{c_\mu(99\%)} = 10.9639$$

顯然，α 從 99% 變化到 99.9%，c_{ξ_p} 相對於 α 變動的靈敏度最大，即隨 α 變化，ξ_p 對操作風險價值置信區間長度的影響最大。

② ξ_p 變動對 c_{θ_p}、c_μ、c_{ξ_p} 的影響最大

在圖 3-3 中，當 $\alpha = 99.9\%$ 時，由表 3-2 中特徵參數值可計算 c_{θ_p}、c_μ、c_{ξ_p} 的變動程度如下：

$$\frac{\dfrac{\Delta c_{\xi_p}}{c_{\xi_p}}}{\dfrac{\Delta \xi_p}{\xi_p}} = 82.2475, \quad \frac{\dfrac{\Delta c_{\xi_p}}{c_{\xi_p}}}{\dfrac{\Delta \theta_p}{\theta_p}} = 1, \quad \frac{\dfrac{\Delta c_{\xi_p}}{c_{\xi_p}}}{\dfrac{\Delta \mu}{\mu}} = 1.4756$$

$$\frac{\dfrac{\Delta c_\mu}{c_\mu}}{\dfrac{\Delta \xi_p}{\xi_p}} = 127.0944, \quad \frac{\dfrac{\Delta c_\mu}{c_\mu}}{\dfrac{\Delta \theta_p}{\theta_p}} = 1, \quad \frac{\dfrac{\Delta c_\mu}{c_\mu}}{\dfrac{\Delta \mu}{\mu}} = 0.0132$$

$$\frac{\dfrac{\Delta c_{\theta_p}}{c_{\theta_p}}}{\dfrac{\Delta \xi_p}{\xi_p}} = 77.1885, \quad \frac{\dfrac{\Delta c_{\theta_p}}{c_{\theta_p}}}{\dfrac{\Delta \mu}{\mu}} = 1.0960$$

比較以上計算結果可看出，當 ξ_p 或 θ_p 或 μ 變動 1% 時，形狀參數對 c_{θ_p}、c_μ、c_{ξ_p} 的影響程度遠大於另兩個參數的影響。進一步，當 $\alpha = 99.9\%$ 時，以表

3-1 中特徵參數值可得表 3-3。

表 3-3　　　　　　　　特徵參數不確定性傳遞系數比較

業務線	c_{ξ_p}	c_{θ_p}	c_μ
BL1	8.09E+07	3.66E+06	1.42E+04
BL2	2.34E+07	1.02E+06	1.25E+04
BL3	5.61E+06	2.53E+05	3.40E+03
BL4	1.95E+08	1.01E+07	6.34E+04
BL5	1.39E+07	6.93E+05	1.77E+04
BL6	3.37E+07	1.49E+06	1.87E+04
BL7	2.87E+06	9.10E+04	1.29E+03
BL8	2.75E+06	1.05E+05	3.10E+03

由表 3-3 可知，c_{ξ_p} 遠大於 c_{θ_p}、c_μ。因此，由上述分析可得出結論：當 $\alpha = 99.9\%$ 時，形狀參數是操作風險價值置信區間長度的關鍵參數，形狀參數越大，該置信區間越長。

3.2.2.2　理論探討

上述內容以實證所得特徵參數為研究範圍，以仿真方法分析了特徵參數（ξ_p、θ_p、μ）變化對不確定性傳遞系數的直接影響。但是，一方面，仿真方法分析結果不具有一般性；另一方面，ξ_p、θ_p、μ 的大小及變化範圍差異很大，其變動的絕對值（$\Delta\xi_p$、$\Delta\theta_p$、$\Delta\mu$）所引起的 c_{θ_p}、c_μ、c_{ξ_p} 的變動（Δc_{θ_p}、Δc_μ、Δc_{ξ_p}），不能充分反應特徵參數對 c_{θ_p}、c_μ、c_{ξ_p} 影響的靈敏度。因此，以特徵參數的變動程度（$\Delta\xi_p/\xi_p$、$\Delta\theta_p/\theta_p$、$\Delta\mu/\mu$）所引起的特徵參數不確定性傳遞系數的變動程度（$\Delta c_{\xi_p}/c_{\xi_p}$、$\Delta c_{\theta_p}/c_{\theta_p}$、$\Delta c_\mu/c_\mu$），來表示特徵參數不確定性傳遞系數相對於特徵參數（ξ_p、θ_p、μ）變動的彈性，即操作風險價值置信區間的長度（即度量精度）相對於特徵參數變動的靈敏度。通過對該彈性的理論分析，即可在理論上對操作風險度量精度的變動趨勢及其關鍵影響參數進行探討。

定義 3-2　不確定性傳遞系數 c_i（i 分別為 ξ_p、θ_p、μ）的特徵參數 ξ_p、θ_p、μ 彈性為

$$E_{\xi_p}^{c_i} = \lim_{\Delta\xi_p \to 0} \frac{\dfrac{\Delta c_i}{c_i}}{\dfrac{\Delta\xi_p}{\xi_p}}$$

$$E_{\theta_p}^{c_i} = \lim_{\Delta\theta_p \to 0} \frac{\frac{\Delta c_i}{c_i}}{\frac{\Delta\theta_p}{\theta_p}}$$

$$E_{\mu}^{c_i} = \lim_{\Delta\mu \to 0} \frac{\frac{\Delta c_i}{c_i}}{\frac{\Delta\mu}{\mu}}$$

即 c_i 變化的百分比與 ξ_p、θ_p、μ 變化的百分比的比值。

將（3-5）式代入定義 3-2 可得

$$E_{\theta_p}^{c_{\theta_p}} = 0 \tag{3-8}$$

$$E_{\xi_p}^{c_{\theta_p}} = \frac{(\frac{\mu}{1-\alpha})^{\xi_p}}{(\frac{\mu}{1-\alpha})^{\xi_p} - 1} \times \ln(\frac{\mu}{1-\alpha})^{\xi_p} - 1 \tag{3-9}$$

$$E_{\mu}^{c_{\theta_p}} = \frac{(\frac{\mu}{1-\alpha})^{\xi_p}}{(\frac{\mu}{1-\alpha})^{\xi_p} - 1} \times \xi_p \tag{3-10}$$

$E_{\theta_p}^{c_{\theta_p}} = 0$ 表明損失強度分佈離散程度的變動不影響 c_{θ_p}。由（3-9）式和（3-10）式可知，$E_{\xi_p}^{c_{\theta_p}}$、$E_{\mu}^{c_{\theta_p}}$ 都與 θ_p 無關，表明損失強度分佈離散程度的變動不影響 c_{θ_p} 相對於特徵參數 ξ_p、μ 變動的靈敏度，因此，影響 c_{θ_p} 靈敏度的參數僅為 ξ_p 或 μ，以下給出其影響的一般規律。

命題 3-1 在前述假定下，存在

（1）$\frac{\partial E_{\xi_p}^{c_{\theta_p}}}{\partial \alpha} > 0$，$\frac{\partial E_{\mu}^{c_{\theta_p}}}{\partial \alpha} < 0$，當 $\alpha \to 1$ 時，$E_{\xi_p}^{c_{\theta_p}} \to +\infty$，$E_{\mu}^{c_{\theta_p}} \to \xi_p$；

（2）$E_{\xi_p}^{c_{\theta_p}} > 0$，$\frac{\partial E_{\xi_p}^{c_{\theta_p}}}{\partial \xi_p} > 0$，$\frac{\partial E_{\xi_p}^{c_{\theta_p}}}{\partial \mu} > 0$；$E_{\mu}^{c_p} > 0$，$\frac{\partial E_{\mu}^{c_{\theta_p}}}{\partial \xi_p} > 0$，$\frac{\partial E_{\mu}^{c_{\theta_p}}}{\partial \mu} < 0$；

（3）當 $\xi_p (\frac{\mu}{1-\alpha})^{\xi_p} (\ln \frac{\mu}{1-\alpha} - 1)/[(\frac{\mu}{1-\alpha})^{\xi_p} - 1] \geq 1$ 時，$E_{\xi_p}^{c_{\theta_p}} \geq E_{\mu}^{c_{\theta_p}}$；反之，$E_{\xi_p}^{c_{\theta_p}} < E_{\mu}^{c_{\theta_p}}$。

證明 首先證明（1）。根據（3-9）式，可得

$$\frac{\partial E_{\xi_p}^{c_{R_n}}}{\partial \alpha} = \frac{\xi_p \left(\frac{\mu}{1-\alpha}\right)^{\xi_p}}{\left[\left(\frac{\mu}{1-\alpha}\right)^{\xi_p} - 1\right]^2 (1-\alpha)} \times \left[\left(\frac{\mu}{1-\alpha}\right)^{\xi_p} - \ln\left(\frac{\mu}{1-\alpha}\right)^{\xi_p} - 1\right]$$

(3-11)

令 $t = \left(\frac{\mu}{1-\alpha}\right)^{\xi_p}$，記

$$h(t) = \left(\frac{\mu}{1-\alpha}\right)^{\xi_p} - \ln\left(\frac{\mu}{1-\alpha}\right)^{\xi_p} - 1 = t - \ln t - 1$$

因為 $t > 1$，則

$$h'(t) = 1 - \frac{1}{t} > 0$$

即 $h(t)$ 為單調遞增函數，因 $t > 1$，則

$$h(t) > 0$$

又因為

$$\xi_p \left(\frac{\mu}{1-\alpha}\right)^{\xi_p} > 0$$

$$\left[\left(\frac{\mu}{1-\alpha}\right)^{\xi_p} - 1\right]^2 (1-\alpha) > 0$$

所以 $\frac{\partial E_{\xi_p}^{c_{R_n}}}{\partial \alpha} > 0$ 成立。

由 (3-10) 式可得

$$\frac{\partial E_{\mu}^{c_{R_n}}}{\partial \alpha} = -\frac{\xi^2 \left(\frac{\mu}{1-\alpha}\right)^{\xi_p}}{\left[\left(\frac{\mu}{1-\alpha}\right)^{\xi_p} - 1\right]^2 (1-\alpha)}$$

(3-12)

因為

$$\xi_p^2 \left(\frac{\mu}{1-\alpha}\right)^{\xi_p} > 0$$

$$\left[\left(\frac{\mu}{1-\alpha}\right)^{\xi_p} - 1\right]^2 (1-\alpha) > 0$$

所以 $\frac{\partial E_{\mu}^{c_{R_n}}}{\partial \alpha} < 0$ 成立。

再由（3-9）式可知

$$\lim_{\alpha \to 1} E^{c_{R_s}}_{\xi_p} = \lim_{\alpha \to 1} \left[\frac{(\frac{\mu}{1-\alpha})^{\xi_p}}{(\frac{\mu}{1-\alpha})^{\xi_p} - 1} \times \ln(\frac{\mu}{1-\alpha})^{\xi_p} - 1 \right] = +\infty$$

即，當 $\alpha \to 1$ 時，$E^{c_{R_s}}_{\xi_p} \to +\infty$ 成立。

再根據（3-10）式可知

$$\lim_{\alpha \to 1} E^{c_{R_s}}_{\mu} = \lim_{\alpha \to 1} \frac{\xi_p (\frac{\mu}{1-\alpha})^{\xi_p}}{(\frac{\mu}{1-\alpha})^{\xi_p} - 1} = \xi_p$$

即，當 $\alpha \to 1$ 時，$E^{c_{R_s}}_{\mu} \to \xi_p$ 成立。

對於（2），令 $t = (\frac{\mu}{1-\alpha})^{\xi_p}$，根據（3-9）式，有

$$E^{c_{R_s}}_{\xi_p} = \frac{t\ln t - t + 1}{t - 1}$$

記

$$f(t) = t\ln t - t + 1$$

則有

$$f'(t) = \ln t$$

因 $t > 1$（前述分析結果），則

$$f'(t) > 0$$

即 $f(t)$ 單調遞增，因 $t > 1$，則

$$f(t) > 0$$

所以

$$E^{c_{R_s}}_{\xi_p} = \frac{t\ln t - t + 1}{t - 1} > 0 \text{ 成立。}$$

再由（3-9）式可得：

$$\frac{\partial E^{c_{R_s}}_{\xi_p}}{\partial \xi_p} = \frac{(\frac{\mu}{1-\alpha})^{\xi_p} \ln \frac{\mu}{1-\alpha}}{\left[(\frac{\mu}{1-\alpha})^{\xi_p} - 1\right]^2} \times \left[(\frac{\mu}{1-\alpha})^{\xi_p} - \ln(\frac{\mu}{1-\alpha})^{\xi_p} - 1 \right] \quad (3\text{-}13)$$

$$\frac{\partial E_{\xi_p}^{c_{e_n}}}{\partial \mu} = \frac{\xi_p \left(\frac{\mu}{1-\alpha}\right)^{\xi_p}}{\mu \left[\left(\frac{\mu}{1-\alpha}\right)^{\xi_p} - 1\right]^2} \times \left[\left(\frac{\mu}{1-\alpha}\right)^{\xi_p} - \ln\left(\frac{\mu}{1-\alpha}\right)^{\xi_p} - 1\right] \quad (3-14)$$

由前述分析已知

$$\left(\frac{\mu}{1-\alpha}\right)^{\xi_p} - \ln\left(\frac{\mu}{1-\alpha}\right)^{\xi_p} - 1 > 0$$

又因

$$\frac{\mu}{1-\alpha} > 1 \text{ 且 } \left(\frac{\mu}{1-\alpha}\right)^{\xi_p} > 1$$

所以

$$\left(\frac{\mu}{1-\alpha}\right)^{\xi_p} \ln \frac{\mu}{1-\alpha} > 0 \text{ 且 } \left[\left(\frac{\mu}{1-\alpha}\right)^{\xi_p} - 1\right]^2 > 0$$

所以，$\dfrac{\partial E_{\xi_p}^{c_{e_n}}}{\partial \xi_p} > 0$ 以及 $\dfrac{\partial E_{\xi_p}^{c_{e_n}}}{\partial \mu} > 0$ 成立。

根據（3-10）式可知，因為

$$\left(\frac{\mu}{1-\alpha}\right)^{\xi_p} > 1 \text{ 且 } \xi_p > 0$$

所以

$$E_{\mu}^{c_{e_n}} = \frac{\left(\frac{\mu}{1-\alpha}\right)^{\xi_p}}{\left(\frac{\mu}{1-\alpha}\right)^{\xi_p} - 1} \times \xi_p > 0 \text{ 成立。}$$

再由（3-10）式可得

$$\frac{\partial E_{\mu}^{c_{e_n}}}{\partial \xi_p} = \frac{\left(\frac{\mu}{1-\alpha}\right)^{\xi_p}}{\left[\left(\frac{\mu}{1-\alpha}\right)^{\xi_p} - 1\right]^2} \times \left[\left(\frac{\mu}{1-\alpha}\right)^{\xi_p} - \ln\left(\frac{\mu}{1-\alpha}\right)^{\xi_p} - 1\right] \quad (3-15)$$

$$\frac{\partial E_{\mu}^{c_{e_n}}}{\partial \mu} = -\frac{\xi_p^2 \left(\frac{\mu}{1-\alpha}\right)^{\xi_p}}{\mu \left[\left(\frac{\mu}{1-\alpha}\right)^{\xi_p} - 1\right]^2} \quad (3-16)$$

前述分析已知

$$\left(\frac{\mu}{1-\alpha}\right)^{\xi_p} - \ln\left(\frac{\mu}{1-\alpha}\right)^{\xi_p} - 1 > 0$$

又因

$$\left(\frac{\mu}{1-\alpha}\right)^{\xi_p} > 1 \text{ 且 } \left[\left(\frac{\mu}{1-\alpha}\right)^{\xi_p} - 1\right]^2 > 0$$

所以 $\frac{\partial E_\mu^{c_{\theta_p}}}{\partial \xi_p} > 0$ 以及 $\frac{\partial E_\mu^{c_{\theta_p}}}{\partial \mu} < 0$ 成立。

對於（3），根據

$$E_{\xi_p} - E_\mu = \frac{\xi_p \left(\frac{\mu}{1-\alpha}\right)^{\xi_p}\left(\ln\frac{\mu}{1-\alpha} - 1\right)}{\left(\frac{\mu}{1-\alpha}\right)^{\xi_p} - 1} - 1$$

可知：當

$$\frac{\xi_p \left(\frac{\mu}{1-\alpha}\right)^{\xi_p}\left(\ln\frac{\mu}{1-\alpha} - 1\right)}{\left(\frac{\mu}{1-\alpha}\right)^{\xi_p} - 1} \geq 1$$

時，存在 $E_{\xi_p}^{c_{\theta_p}} \geq E_\mu^{c_{\theta_p}}$；反之，$E_{\xi_p}^{c_{\theta_p}} < E_\mu^{c_{\theta_p}}$。

命題 3-1 給出了影響 c_{θ_p} 的兩方面因素：

其一，置信度 α 的影響。置信度 α 的變動使 $E_{\xi_p}^{c_{\theta_p}}$ 與 $E_\mu^{c_{\theta_p}}$ 呈現反向的變動趨勢。且在高置信度下，$E_{\xi_p}^{c_{\theta_p}}(c_{\theta_p}$ 相對於 ξ_p 變動的靈敏度）是一不確定的極大值，而 $E_\mu^{c_{\theta_p}}(c_{\theta_p}$ 相對於 μ 變動的靈敏度）趨於確定值 ξ_p，這表明在高置信度下 ξ_p 對 $E_\mu^{c_{\theta_p}}$ 具有決定性作用。

其二，特徵參數 ξ_p、μ 的影響。ξ_p 的遞增不僅使 c_{θ_p} 遞增，而且使 $E_{\xi_p}^{c_{\theta_p}}$ 與 $E_\mu^{c_{\theta_p}}$ 都遞增，這表明 ξ_p 影響 c_{θ_p} 的強度遞增。μ 的遞增使 c_{θ_p} 遞增，使 $E_{\xi_p}^{c_{\theta_p}}$ 遞增，但使 $E_\mu^{c_{\theta_p}}$ 遞減，這表明 μ 影響 c_{θ_p} 的強度大小不確定，取決於對 $E_{\xi_p}^{c_{\theta_p}}$ 與 $E_\mu^{c_{\theta_p}}$ 的影響程度的相對大小。

進一步，根據命題 3-1 可判斷 $E_{\xi_p}^{c_{\theta_p}}$ 與 $E_\mu^{c_{\theta_p}}$ 間的相對大小，由此可知影響 c_{θ_p} 的關鍵分佈特徵參數。

將（3-6）式代入定義 3-2，可得

$$E_{\theta_p}^{c_p} = 1 \tag{3-17}$$

$$E^{c_\mu}_{\xi_p} = \ln\left(\frac{\mu}{1-\alpha}\right)^{\xi_p} \qquad (3-18)$$

$$E^{c_\mu}_{\mu} = \xi_p - 1 \qquad (3-19)$$

$E^{c_\mu}_{\theta_p} = 1$ 表明 c_μ 相對於損失強度分佈離散程度變動的靈敏度始終為單位 1，θ_p 變動 1%，c_μ 變動始終為 1%。(3-18) 式表明 $E^{c_\mu}_{\xi_p}$ 與 θ_p 無關，即損失強度分佈離散程度的變動不影響 c_μ 相對於尾指數變動的靈敏度；(3-19) 式表明 $E^{c_\mu}_{\mu}$ 與 θ_p、μ、α 無關，僅由 ξ_p 決定。

命題 3-2 在前述假定下，

(1) $\dfrac{\partial E^{c_\mu}_{\xi_p}}{\partial \alpha} > 0$；當 $\alpha \to 1$ 時，$E^{c_\mu}_{\xi_p} \to +\infty$；

(2) $E^{c_\mu}_{\xi_p} > 0$，$\dfrac{\partial E^{c_\mu}_{\xi_p}}{\partial \xi_p} > 0$，$\dfrac{\partial E^{c_\mu}_{\xi_p}}{\partial \mu} > 0$；當 $\xi_p \geq 1$ 時，$E^{c_\mu}_{\mu} \geq 0$，反之，$E^{c_\mu}_{\mu} < 0$；$\dfrac{\partial E^{c_\mu}_{\mu}}{\partial \xi_p} = 1$，$\dfrac{\partial E^{c_\mu}_{\mu}}{\partial \mu} = 0$；

(3) 若 $\mu > e(1-\alpha)$，則 $E^{c_\mu}_{\xi_p} > E^{c_\mu}_{\mu}$；若 $1-\alpha < \mu < e(1-\alpha)$，則，當 $\xi_p \leq \left(1 - \ln\dfrac{\mu}{1-\alpha}\right)^{-1}$ 時，$E^{c_\mu}_{\xi_p} \geq E^{c_\mu}_{\mu}$，反之，$E^{c_\mu}_{\xi_p} < E^{c_\mu}_{\mu}$。

證明 首先證明 (1)。由 (3-18) 式，因 $\xi_p > 0$，則

$$\frac{\partial E^{c_\mu}_{\xi_p}}{\partial \alpha} = \frac{\xi_p}{1-\alpha} > 0 \text{ 成立。}$$

再由 (3-18) 式可得

$$\lim_{\alpha \to 1} E^{c_\mu}_{\xi_p} = \lim_{\alpha \to 1} \ln\left(\frac{\mu}{1-\alpha}\right)^{\xi_p} = +\infty$$

即當 $\alpha \to 1$ 時，$E^{c_\mu}_{\xi_p} \to +\infty$

對於 (2)，由 (3-18) 式，因 $\left(\dfrac{\mu}{1-\alpha}\right)^{\xi_p} > 1$，則 $E^{c_\mu}_{\xi_p} > 0$ 成立。

再 (3-18) 式，因 $\xi_p > 0$ 且 $\mu > 1-\alpha$，則

$$\frac{\partial E^{c_\mu}_{\xi_p}}{\partial \xi_p} = \ln\frac{\mu}{1-\alpha} > 0$$

$$\frac{\partial E^{c_\mu}_{\xi_p}}{\partial \mu} = \frac{\xi_p}{\mu} > 0$$

所以 $\frac{\partial E_{\xi_p}^{c_\mu}}{\partial \xi_p} > 0$、$\frac{\partial E_{\xi_p}^{c_\mu}}{\partial \mu} > 0$ 成立。

由 (3-19) 式可知，當 $\xi_p \geq 1$ 時，$E_\mu^{c_\mu} \geq 0$；反之，$E_\mu^{c_\mu} < 0$。

再由 (3-19) 式可得

$$\frac{\partial E_\mu^{c_\mu}}{\partial \xi_p} = \frac{\partial}{\partial \xi_p}(\xi_p - 1) = 1$$

$$\frac{\partial E_\mu^{c_\mu}}{\partial \mu} = \frac{\partial}{\partial \mu}(\xi_p - 1) = 0$$

所以 $\frac{\partial E_\mu^{c_\mu}}{\partial \xi_p} = 1$ 和 $\frac{\partial E_\mu^{c_\mu}}{\partial \mu} = 0$ 成立。

對於 (3)，根據

$$E_{\xi_p}^{c_\mu} - E_\mu^{c_\mu} = \xi_p (\ln \frac{\mu}{1-\alpha} - 1) + 1$$

可知：因 $\xi_p > 0$，若 $\ln \frac{\mu}{1-\alpha} - 1 \geq 0$，即 $\mu > e(1-\alpha)$，則

$$E_{\xi_p}^{c_\mu} - E_\mu^{c_\mu} = \xi_p (\ln \frac{\mu}{1-\alpha} - 1) + 1 > 0$$

即有 $E_{\xi_p}^{c_\mu} > E_\mu^{c_\mu}$。

若 $\ln \frac{\mu}{1-\alpha} - 1 < 0$ 且 $\mu > 1 - \alpha$，即 $1 - \alpha < \mu < e(1-\alpha)$，則，當 $\xi_p \leq (1 - \ln \frac{\mu}{1-\alpha})^{-1}$ 時，$E_{\xi_p}^{c_\mu} \geq E_\mu^{c_\mu}$；反之，$E_{\xi_p}^{c_\mu} < E_\mu^{c_\mu}$。

命題 3-2 給出了影響 c_μ 的兩方面因素：

其一，置信度 α 的影響。α 的變動僅影響 $E_{\xi_p}^{c_\mu}$，不影響 $E_\mu^{c_\mu}$ 與 $E_{\theta_p}^{c_\mu}$。隨 α 遞增，$E_{\xi_p}^{c_\mu}$（c_μ 相對於 ξ_p 變動的靈敏度）遞增，當在高置信度下，該靈敏度趨於一不確定的極大值（$+\infty$）。

其二，特徵參數 ξ_p、μ 的影響。ξ_p 遞增不僅使 c_μ 遞增，而且使 $E_{\xi_p}^{c_\mu}$ 與 $E_{\theta_p}^{c_\mu}$ 都遞增，這表明 ξ_p 影響 c_μ 的強度遞增。μ 使 c_μ 變動的方向取決於 ξ_p 的大小，且 μ 的遞增使 $E_{\xi_p}^{c_\mu}$ 遞增，而不影響 $E_\mu^{c_\mu}$。$E_\mu^{c_\mu}$ 僅由 ξ_p 決定。

進一步，由命題 3-2 可判斷 $E_{\xi_p}^{c_\mu}$ 與 $E_\mu^{c_\mu}$ 間的相對大小，並由此可知影響 c_μ 的關鍵分佈特徵參數。

將（3-7）式代入定義 3-2，可得

$$E_{\theta_p}^{c_{\xi_p}} = 1 \tag{3-20}$$

$$E_{\xi_p}^{c_{\xi_p}} = \frac{\left(\dfrac{\mu}{1-\alpha}\right)^{\xi_p} \left[\ln\left(\dfrac{\mu}{1-\alpha}\right)^{\xi_p}\right]^2}{\left(\dfrac{\mu}{1-\alpha}\right)^{\xi_p} \ln\left(\dfrac{\mu}{1-\alpha}\right)^{\xi_p} - \left(\dfrac{\mu}{1-\alpha}\right)^{\xi_p} + 1} - 2 \tag{3-21}$$

$$E_{\mu}^{c_{\xi_p}} = \frac{\xi_p \left(\dfrac{\mu}{1-\alpha}\right)^{\xi_p} \ln\left(\dfrac{\mu}{1-\alpha}\right)^{\xi_p}}{\left(\dfrac{\mu}{1-\alpha}\right)^{\xi_p} \ln\left(\dfrac{\mu}{1-\alpha}\right)^{\xi_p} - \left(\dfrac{\mu}{1-\alpha}\right)^{\xi_p} + 1} \tag{3-22}$$

$E_{\theta_p}^{c_{\xi_p}} = 1$ 表明 c_{ξ_p} 相對於損失強度分佈離散程度變動的靈敏度始終為單位 1，即 η 變動 1%，c_{ξ_p} 變動始終為 1%。（3-21）式和（3-22）式表明，$E_{\xi_p}^{c_{\xi_p}}$ 和 $E_{\mu}^{c_{\xi_p}}$ 都與 θ_p 無關，僅由 ξ_p、μ 以及 α 決定，以下將給出其影響規律。

命題 3-3　在前述假定下，存在

（1）$\dfrac{\partial E_{\xi_p}^{c_{\xi_p}}}{\partial \alpha} > 0$，$\dfrac{\partial E_{\mu}^{c_{\xi_p}}}{\partial \alpha} < 0$，當 $\alpha \to 1$ 時，$E_{\xi_p}^{c_{\xi_p}} \to +\infty$，$E_{\mu}^{c_{\xi_p}} \to \xi_p$；

（2）$E_{\xi_p}^{c_{\xi_p}} > 0$，$\dfrac{E_{\xi_p}^{c_{\xi_p}}}{\partial \xi_p} > 0$，$\dfrac{E_{\xi_p}^{c_{\xi_p}}}{\partial \mu} > 0$；$E_{\mu}^{c_{\xi_p}} > 0$，$\dfrac{E_{\mu}^{c_{\xi_p}}}{\partial \xi_p} > 0$，$\dfrac{E_{\mu}^{c_{\xi_p}}}{\partial \mu} < 0$；

（3）當 $1 - \alpha < \mu < e(1-\alpha)$ 時，$E_{\xi_p}^{c_{\xi_p}} < E_{\mu}^{c_{\xi_p}}$；若 $\mu > e(1-\alpha)$，則，當 $E_{\xi_p}^{c_{\xi_p}} \geq 2\left[\ln\dfrac{\Lambda}{(1-\alpha)e}\right]^{-1}$ 時，$E_{\xi_p}^{c_{\xi_p}} \geq E_{\mu}^{c_{\xi_p}}$，反之，$E_{\xi_p}^{c_{\xi_p}} < E_{\mu}^{c_{\xi_p}}$。

證明　首先證明（1）。由（3-21）式得

$$\frac{\partial E_{\xi_p}^{c_{\xi_p}}}{\partial \alpha} = \frac{\xi_p \left(\dfrac{\mu}{1-\alpha}\right)^{\xi_p} \ln\left(\dfrac{\mu}{1-\alpha}\right)^{\xi_p} \left[\left(\dfrac{\mu}{1-\alpha}\right)^{\xi_p} \ln\left(\dfrac{\mu}{1-\alpha}\right)^{\xi_p} + \ln\left(\dfrac{\mu}{1-\alpha}\right)^{\xi_p} - 2\left(\dfrac{\mu}{1-\alpha}\right)^{\xi_p} + 2\right]}{\left[\left(\dfrac{\mu}{1-\alpha}\right)^{\xi_p} \ln\left(\dfrac{\mu}{1-\alpha}\right)^{\xi_p} - \left(\dfrac{\mu}{1-\alpha}\right)^{\xi_p} + 1\right]^2 (1-\alpha)}$$

$$\tag{3-23}$$

令 $t = \left(\dfrac{\mu}{1-\alpha}\right)^{\xi_p}$，則有

$$\frac{\partial E_{\xi_p}^{c_{\xi_p}}}{\partial \alpha} = \frac{\xi_p t \ln t (t\ln t + \ln t - 2t + 2)}{(t\ln t - t + 1)^2 (1-\alpha)}$$

記 $s(t) = t\ln t + \ln t - 2t + 2$，則有

$$s'(t) = \ln t - 1 + \frac{1}{t}$$

$$s''(t) = \frac{1}{t} - \frac{1}{t^2} > 0$$

因 $t > 1$，則

$$s'(t) = \ln t - 1 + \frac{1}{t} > s'(1) = 0$$

即 $s(t)$ 單調遞增，則

$$s(t) = t\ln t + \ln t - 2t + 2 > s(1) = 0$$

所以 $\dfrac{\partial E_{\xi_p}^{c_{i_L}}}{\partial \alpha} > 0$ 成立。

由（3-22）式得

$$\frac{\partial E_{\mu}^{c_{i_L}}}{\partial \alpha} = -\frac{\xi_p^2 \left(\frac{\mu}{1-\alpha}\right)^{\xi_p} \left[\left(\frac{\mu}{1-\alpha}\right)^{\xi_p} - \ln\left(\frac{\mu}{1-\alpha}\right)^{\xi_p} - 1\right]}{\left[\left(\frac{\mu}{1-\alpha}\right)^{\xi_p} \ln\left(\frac{\mu}{1-\alpha}\right)^{\xi_p} - \left(\frac{\mu}{1-\alpha}\right)^{\xi_p} + 1\right]^2 (1-\alpha)} \quad (3-24)$$

前述分析已知

$$\left(\frac{\mu}{1-\alpha}\right)^{\xi_p} - \ln\left(\frac{\mu}{1-\alpha}\right)^{\xi_p} - 1 > 0$$

所以 $\dfrac{\partial E_{\mu}^{c_{i_L}}}{\partial \alpha} < 0$ 成立。

再由（3-21）式可得

$$\lim_{\alpha \to 1} E_{\xi_p}^{c_{i_L}} = +\infty$$

所以，當 $\alpha \to 1$ 時，$E_{\xi_p}^{c_{i_L}} \to +\infty$ 成立。

再由（3-22）式

$$\lim_{\alpha \to 1} E_{\mu}^{c_{i_L}} = \xi_p$$

所以，當 $\alpha \to 1$ 時，$E_{\mu}^{c_{i_L}} \to \xi_p$ 成立。

對於（2），根據（3-21）式，有

$$E_{\xi_p}^{c_{i_L}} = \frac{t(\ln t)^2 - 2(t\ln t - t + 1)}{t\ln t - t + 1}$$

記 $d(t) = t(\ln t)^2 - 2(t\ln t - t + 1)$，因 $t > 1$，則

$$d'(t) = (\ln t)^2 > d'(1) = 0$$

即 $h(t)$ 單調遞增，則 $d(t) > d(1) = 0$；又因 $t\ln t - t + 1 > 0$（前述分析已證明），所以 $E_{\xi_p}^{c_{L}} > 0$ 成立。

再由（3-21）式得

$$\frac{E_{\xi_p}^{c_{L}}}{\partial \xi_p} = \frac{2\left(\frac{\mu}{1-\alpha}\right)^{\xi_p} \ln\left(\frac{\mu}{1-\alpha}\right)^{\xi_p}\left[\left(\frac{\mu}{1-\alpha}\right)^{\xi_p} \ln\left(\frac{\mu}{1-\alpha}\right)^{\xi_p} + \ln\left(\frac{\mu}{1-\alpha}\right)^{\xi_p} - 2\left(\frac{\mu}{1-\alpha}\right)^{\xi_p} + 2\right]}{\left[\left(\frac{\mu}{1-\alpha}\right)^{\xi_p} \ln\left(\frac{\mu}{1-\alpha}\right)^{\xi_p} - \left(\frac{\mu}{1-\alpha}\right)^{\xi_p} + 1\right]^2}$$

（3-25）

$$\frac{E_{\xi_p}^{c_{L}}}{\partial \mu} = \frac{\xi_p \left(\frac{\mu}{1-\alpha}\right)^{\xi_p} \ln\left(\frac{\mu}{1-\alpha}\right)^{\xi_p}\left[\left(\frac{\mu}{1-\alpha}\right)^{\xi_p} \ln\left(\frac{\mu}{1-\alpha}\right)^{\xi_p} + \ln\left(\frac{\mu}{1-\alpha}\right)^{\xi_p} - 2\left(\frac{\mu}{1-\alpha}\right)^{\xi_p} + 2\right]}{\mu\left[\left(\frac{\mu}{1-\alpha}\right)^{\xi_p} \ln\left(\frac{\mu}{1-\alpha}\right)^{\xi_p} - \left(\frac{\mu}{1-\alpha}\right)^{\xi_p} + 1\right]^2}$$

（3-26）

由前述證明知：

$$\left(\frac{\mu}{1-\alpha}\right)^{\xi_p} \ln\left(\frac{\mu}{1-\alpha}\right)^{\xi_p} + \ln\left(\frac{\mu}{1-\alpha}\right)^{\xi_p} - 2\left(\frac{\mu}{1-\alpha}\right)^{\xi_p} + 2 > 0$$

又因 $\left(\frac{\mu}{1-\alpha}\right)^{\xi_p} > 1$，則 $\frac{E_{\xi_p}^{c_{L}}}{\partial \xi_p} > 0$ 成立。同理，可證 $\frac{E_{\xi_p}^{c_{L}}}{\partial \mu} > 0$ 成立。

根據（3-22）式，因 $t > 1$ 且 $t\ln t - t + 1 > 0$，則 $E_{\mu}^{c_{L}} > 0$ 成立。

再由（3-22）式得

$$\frac{E_{\mu}^{c_{L}}}{\partial \xi_p} = \frac{\left(\frac{\mu}{1-\alpha}\right)^{\xi_p} \ln\left(\frac{\mu}{1-\alpha}\right)^{\xi_p}\left[\left(\frac{\mu}{1-\alpha}\right)^{\xi_p} \ln\left(\frac{\mu}{1-\alpha}\right)^{\xi_p} + \ln\left(\frac{\mu}{1-\alpha}\right)^{\xi_p} - 2\left(\frac{\mu}{1-\alpha}\right)^{\xi_p} + 2\right]}{\left[\left(\frac{\mu}{1-\alpha}\right)^{\xi_p} \ln\left(\frac{\mu}{1-\alpha}\right)^{\xi_p} - \left(\frac{\mu}{1-\alpha}\right)^{\xi_p} + 1\right]^2}$$

（3-27）

$$\frac{E_{\mu}^{c_{L}}}{\partial \mu} = -\frac{\xi_p^2 \left(\frac{\mu}{1-\alpha}\right)^{\xi_p}\left[\left(\frac{\mu}{1-\alpha}\right)^{\xi_p} - \ln\left(\frac{\mu}{1-\alpha}\right)^{\xi_p} - 1\right]}{\mu\left[\left(\frac{\mu}{1-\alpha}\right)^{\xi_p} \ln\left(\frac{\mu}{1-\alpha}\right)^{\xi_p} - \left(\frac{\mu}{1-\alpha}\right)^{\xi_p} + 1\right]^2}$$

（3-28）

由前述證明知：

$$\left(\frac{\mu}{1-\alpha}\right)^{\xi_p} \ln\left(\frac{\mu}{1-\alpha}\right)^{\xi_p} + \ln\left(\frac{\mu}{1-\alpha}\right)^{\xi_p} - 2\left(\frac{\mu}{1-\alpha}\right)^{\xi_p} + 2 > 0$$

又因 $(\frac{\mu}{1-\alpha})^{\xi_p} > 1$，則 $\frac{E_\mu^{c_L}}{\partial \xi_p} > 0$ 成立。

由前述證明知：

$$(\frac{\mu}{1-\alpha})^{\xi_p} - \ln(\frac{\mu}{1-\alpha})^{\xi_p} - 1 > 0$$

又因 $(\frac{\mu}{1-\alpha})^{\xi_p} > 1$，則 $\frac{E_\mu^{c_L}}{\partial \mu} < 0$ 成立。

對於（3），根據 $E_{\xi_p}^{c_L} - E_\mu^{c_L} = E_{\xi_p}^{c_L}[1 - (\ln\frac{\mu}{1-\alpha})^{-1}] - 2(\ln\frac{\mu}{1-\alpha})^{-1}$ 知：

因為 $\mu > 1-\alpha$，所以若 $1 - (\ln\frac{\mu}{1-\alpha})^{-1} < 0$，即 $1-\alpha < \mu < e(1-\alpha)$，則

$$E_{\xi_p}^{c_L}[1 - (\ln\frac{\mu}{1-\alpha})^{-1}] - 2(\ln\frac{\mu}{1-\alpha})^{-1} < 0$$

有 $E_{\xi_p}^{c_L} < E_\mu^{c_L}$ 成立；

若 $1 - (\ln\frac{\mu}{1-\alpha})^{-1} > 0$，即 $\mu > e(1-\alpha)$，則當 $E_{\xi_p}^{c_L} \geq 2[\ln\frac{\Lambda}{(1-\alpha)e}]^{-1}$ 時，$E_{\xi_p}^{c_L} \geq E_\mu^{c_L}$；反之，$E_{\xi_p}^{c_L} < E_\mu^{c_L}$。

命題 3-3 給出了影響 c_μ 的兩方面因素：

其一，置信度 α 的影響。α 的變動使 $E_{\xi_p}^{c_L}$ 與 $E_\mu^{c_L}$ 發生相反方向的變動。在高置信度下，$E_{\xi_p}^{c_L}$ 趨向於不確定的極大值，而 $E_\mu^{c_L}$ 趨向於確定值 ξ_p。這表明高置信度下，ξ_p 的大小對 $E_\mu^{c_L}$ 有決定性的影響。

其二，特徵參數 ξ_p、μ 的影響。ξ_p 的遞增不僅使 c_{ξ_p} 遞增，而且使 $E_{\xi_p}^{c_L}$ 與 $E_\mu^{c_L}$ 遞增，這表明 ξ_p 遞增對 c_{ξ_p} 的影響強度增強。μ 的遞增儘管使 c_μ 遞增，但是使 $E_\mu^{c_L}$ 遞減，這表明 μ 遞增對 c_{ξ_p} 的影響強度減弱。

進一步，由命題 3-3 可判斷 $E_{\xi_p}^{c_L}$ 與 $E_\mu^{c_L}$ 間的相對大小，由此可知 ξ_p、μ 對 ξ_p 影響程度的相對大小。

通過上述對不確定性傳遞系數靈敏度的理論探討可知，在高置信度 α 下，不確定性傳遞系數 c_{θ_p}、c_μ、c_{ξ_p} 變動的趨勢及其關鍵影響參數可由命題 3-1、命題 3-2、命題 3-3 進行判定。

3.2.2.3 示例分析

由表 3-1 中參數 ξ_p、μ、θ_p 的數值以及（3-14）式和（3-15）式可得表 3-4。

表 3-4　當 $\alpha = 99.9\%$ 時尺度參數不確定性傳遞系數彈性的分析

業務線	$E_{\theta_p}^{c_{\theta_p}}$	$E_{\xi_p}^{c_{\xi_p}}$	$E_{\mu}^{c_{\mu}}$	$\dfrac{\partial E_{\xi_p}^{c_{\theta_p}}}{\partial \alpha}$	$\dfrac{\partial E_{\mu}^{c_{\theta_p}}}{\partial \alpha}$	$\dfrac{\partial E_{\xi_p}^{c_{\theta_p}}}{\partial \xi_p}$	$\dfrac{\partial E_{\xi_p}^{c_{\theta_p}}}{\partial \mu}$	$\dfrac{\partial E_{\mu}^{c_{\theta_p}}}{\partial \xi_p}$	$\dfrac{\partial E_{\mu}^{c_{\theta_p}}}{\partial \mu}$
BL_1	0	7.920,9	1.190,2	1,188.966,0	-0.189,4	7.489,0	0.660,5	0.999,1	-0.000,1
BL_2	0	9.424,1	1.170,0	1,169.725,0	-0.040,7	8.907,1	0.158,1	0.999,8	0.000,0
BL_3	0	8.568,1	1.010,1	1,009.401,1	-0.071,4	9.467,1	0.077,6	0.999,4	0.000,0
BL_4	0	10.753,0	1.390,0	1,389.918,5	-0.015,2	8.454,8	0.295,7	0.999,9	0.000,0
BL_5	0	9.178,2	1.230,0	1,229.659,9	-0.057,5	8.271,6	0.313,7	0.999,7	0.000,0
BL_6	0	9.203,3	1.220,0	1,219.667,0	-0.055,2	8.361,8	0.284,3	0.999,7	0.000,0
BL_7	0	5.692,1	0.851,1	842.682,1	-0.906,1	7.795,6	0.324,1	0.991,4	-0.000,3
BL_8	0	7.808,8	0.980,1	978.828,5	-0.143,7	8.976,5	0.122,4	0.998,8	0.000,0

由表 3-4 可知：

（1）$\dfrac{\partial E_{\xi_p}^{c_{\theta_p}}}{\partial \alpha} > 0$ 表明 $E_{\xi_p}^{c_{\theta_p}}$ 隨置信度遞增而遞增；$\dfrac{\partial E_{\mu}^{c_{\theta_p}}}{\partial \alpha} < 0$ 表明 $E_{\mu}^{c_{\theta_p}}$ 隨置信度遞增而遞減，由於 $\alpha = 99.9\%$，高置信度下 $E_{\xi_p}^{c_{\theta_p}}$ 近似等於 ξ_p。

（2）$E_{\xi_p}^{c_{\theta_p}} > 0$ 表明 c_{θ_p} 隨形狀參數遞增而遞增；$E_{\xi_p}^{c_{\theta_p}}$ 隨形狀參數或頻數參數遞增而遞增。進一步，$\dfrac{\partial E_{\xi_p}^{c_{\theta_p}}}{\partial \xi_p}$ 遠大於 $\dfrac{\partial E_{\xi_p}^{c_{\theta_p}}}{\partial \mu}$，因此，在高置信度下，$E_{\xi_p}^{c_{\theta_p}}$ 主要受形狀參數變動的影響而變動。

（3）$E_{\mu}^{c_{\theta_p}} > 0$ 表明 c_{θ_p} 隨頻數參數遞增而遞增；$E_{\mu}^{c_{\theta_p}}$ 隨形狀參數遞增而遞增，但隨頻數參數遞增而遞減。進一步，在高置信度下，$\dfrac{\partial E_{\mu}^{c_{\theta_p}}}{\partial \xi_p} \cong 1$ 表明形狀參數遞增單位 1，$E_{\mu}^{c_{\theta_p}}$ 也遞增單位 1，$\dfrac{\partial E_{\mu}^{c_{\theta_p}}}{\partial \mu} \cong 0$ 表明頻數參數變動幾乎不影響 $E_{\mu}^{c_{\theta_p}}$，因此，$E_{\mu}^{c_{\theta_p}}$ 主要受到形狀參數的影響。

（4）因為 $\xi_p \left(\dfrac{\mu}{1-\alpha}\right)^{\xi_p} \left(\ln \dfrac{\mu}{1-\alpha} - 1\right) / \left[\left(\dfrac{\mu}{1-\alpha}\right)^{\xi_p} - 1\right]$ 遠大於 1，所以 $E_{\xi_p}^{c_{\theta_p}}$

遠大於 $E_\mu^{c_p}$，表明在高置信度下，c_{θ_p} 主要受到形狀參數的影響。

由上述分析可知，在高置信度（$\alpha = 99.9\%$）下，形狀參數不僅是 c_{θ_p} 的關鍵影響參數，而且是 c_{θ_p} 靈敏度的關鍵影響參數；更進一步，隨形狀參數遞增，不僅 c_{θ_p} 遞增，而且 c_{θ_p} 靈敏度也遞增，即 c_{θ_p} 是以遞增速度遞增。

由表 3-1 中參數 ξ_p、θ_p、μ 的數值以及（3-17）～（3-19）式可得表 3-5。

表 3-5　當 $\alpha = 99.9\%$ 時頻數參數不確定性傳遞係數彈性的分析

業務線	$E_{\xi_p}^{c_p}$	$E_\mu^{c_p}$	$E_{\theta_p}^{c_p}$	$\dfrac{\partial E_{\xi_p}^{c_p}}{\partial \alpha}$	$\dfrac{\partial E_\mu^{c_p}}{\partial \alpha}$	$\dfrac{\partial E_{\xi_p}^{c_p}}{\partial \xi_p}$	$\dfrac{\partial E_{\xi_p}^{c_p}}{\partial \mu}$	$\dfrac{\partial E_\mu^{c_p}}{\partial \xi_p}$	$\dfrac{\partial E_\mu^{c_p}}{\partial \mu}$
BL1	8.919,7	0.19	1	0.001,2	0	7.495,5	0.661,1	1	0
BL2	10.423,8	0.17	1	0.001,2	0	8.909,2	0.158,1	1	0
BL3	9.567,4	0.01	1	0.001	0	9.472,7	0.077,7	1	0
BL4	11.752,9	0.39	1	0.001,4	0	8.455,3	0.295,7	1	0
BL5	10.176,8	0.23	1	0.001,2	0	8.274,6	0.313,5	1	0
BL6	10.204,1	0.22	1	0.001,2	0	8.363,0	0.284,7	1	0
BL7	6.683,8	-0.15	1	0.000,9	0	7.863,3	0.326,9	1	0
BL8	8.807,5	-0.02	1	0.001	0	8.987,2	0.122,5	1	0

由表 3-5 可知：

（1）$E_{\xi_p}^{c_p} > 0$，c_μ 隨形狀參數遞增而遞增。

（2）在產品線 BL1-BL6 中，$\xi_p \geq 1$，$E_\mu^{c_p} \geq 0$，c_μ 隨頻數參數遞增而遞增；在產品線 BL7-BL8 中，$\xi_p < 1$，$E_\mu^{c_p} < 0$，c_μ 隨頻數參數遞增而遞減。

（3）$E_{\theta_p}^{c_p} = 1$ 表明 $E_{\theta_p}^{c_p}$ 為單位彈性，c_μ 隨尺度參數遞增而遞增，且尺度參數變動 1%，c_μ 變動始終為 1%。

（4）因 μ 遠大於 $e(1-\alpha)$，故 $E_{\xi_p}^{c_p}$ 遠大於 $E_\mu^{c_p}$，且 $E_{\xi_p}^{c_p}$ 遠大於 $E_{\theta_p}^{c_p}$，表明當 $\alpha = 99.9\%$ 時，c_μ 主要受形狀參數的影響而變動。

（5）$\dfrac{\partial E_{\xi_p}^{c_p}}{\partial \alpha} > 0$，$\dfrac{\partial E_\mu^{c_p}}{\partial \alpha} = 0$，表明隨置信度 α 遞增，$E_{\xi_p}^{c_p}$ 遞增，而 $E_\mu^{c_p}$ 及 $E_{\theta_p}^{c_p}$ 不受置信度 α 變動影響。因此當 $\alpha = 99.9\%$ 時，置信度 α 的變動主要通過影響 $E_{\xi_p}^{c_p}$ 而對 c_μ 產生影響。

(6) $\dfrac{\partial E_{\xi_p}^{c_\mu}}{\partial \xi_p} > 0$，$\dfrac{\partial E_{\xi_p}^{c_\mu}}{\partial \mu} > 0$，$E_{\xi_p}^{c_\mu}$ 隨 ξ_p、μ 遞增而遞增；$\dfrac{\partial E_{\xi_p}^{c_\mu}}{\partial \xi_p}$ 遠大於 $\dfrac{\partial E_{\xi_p}^{c_\mu}}{\partial \mu}$，因此 $E_{\xi_p}^{c_\mu}$ 主要受形狀參數變動的影響而變動。

(7) $\dfrac{\partial E_\mu^{c_\mu}}{\partial \xi_p} = 1$，$\dfrac{\partial E_\mu^{c_\mu}}{\partial \mu} = 0$，表明 $E_\mu^{c_\mu}$ 隨形狀參數遞增而遞增的速度不變，但 $E_\mu^{c_\mu}$ 不受頻數參數的變動影響。因此 $E_\mu^{c_\mu}$ 主要受形狀參數變動的影響而變動。

由上述分析可知，在高置信度（$\alpha = 99.9\%$）下，形狀參數不僅是 c_μ 的關鍵影響參數，而且是 c_μ 靈敏度的關鍵影響參數；更進一步，隨形狀參數遞增，不僅 c_μ 遞增，而且 c_μ 的靈敏度也遞增，即 c_μ 以遞增速度遞增。

由表 3-1 中參數 ξ_p、μ、θ_p 的數值以及（3-21）～（3-22）式可得表 3-6。

表 3-6 當 $\alpha = 99.9\%$ 時形狀參數不確定性傳遞系數彈性的分析

業務線	$E_{\xi_p}^{c_\mu}$	$E_\mu^{c_\mu}$	$E_{\theta_p}^{c_\mu}$	$\dfrac{\partial E_{\xi_p}^{c_\mu}}{\partial \alpha}$	$\dfrac{\partial E_\mu^{c_\mu}}{\partial \alpha}$	$\dfrac{\partial E_{\xi_p}^{c_\mu}}{\partial \xi_p}$	$\dfrac{\partial E_{\xi_p}^{c_\mu}}{\partial \mu}$	$\dfrac{\partial E_\mu^{c_\mu}}{\partial \xi_p}$	$\dfrac{\partial E_\mu^{c_\mu}}{\partial \mu}$
BL1	10.090,4	1.340,2	1	1.73E+03	−22.546,8	7.377,3	0.650,7	0.984,2	−0.012,5
BL2	12.005,4	1.294,1	1	1.69E+03	−15.408,8	8.809,2	0.156,3	0.988,8	−0.002,1
BL3	8.803,1	1.127,9	1	1.02E+03	−13.887,1	9.344,5	0.076,6	0.986,5	−0.001,1
BL4	18.494,9	1.519,3	1	3.19E+03	−16.708,4	8.382,3	0.293,2	0.991,4	−0.003,6
BL5	12.532,1	1.364	1	1.99E+03	−17.957,1	8.176	0.310,1	0.988,2	−0.004,6
BL6	12.426,9	1.352,5	1	1.93E+03	−17.561,9	8.265,7	0.281	0.988,2	−0.004,1
BL7	4.978,9	0.999,3	1	5.98E+02	−22.14	7.634,2	0.317,4	0.970,9	−0.008,5
BL8	7.732,4	1.105,5	1	9.22E+02	−15.731,8	8.841,5	0.120,5	0.983,8	−0.002

由表 3-6 可知：

(1) $E_{\xi_p}^{c_{\xi_p}} > 0$，$E_\mu^{c_{\xi_p}} > 0$，$c_{\xi_p}$ 隨形狀參數或頻數參數遞增而遞增。

(2) $E_{\theta_p}^{c_{\xi_p}} = 1$ 表明 $E_{\theta_p}^{c_{\xi_p}}$ 為單位彈性，c_{ξ_p} 隨尺度參數遞增而遞增，且尺度參數變動 1%，c_{ξ_p} 變動始終為 1%。

(3) $E_\mu^{c_{\xi_p}} \cong \xi_p$，因置信度 $\alpha = 99.9\%$ 趨於 1，則 $E_\mu^{c_{\xi_p}} \to \xi_p$。這表明當 $\alpha = 99.9\%$ 時，$E_\mu^{c_{\xi_p}}$ 主要由形狀參數的大小決定。

(4) 因 μ 遠大於 $e(1-\alpha)$ 且 $E_{\xi_p}^{c_{\xi_p}}$ 遠大於 $2\left[\ln\dfrac{\Lambda}{(1-\alpha)e}\right]^{-1}$，故 $E_{\xi_p}^{c_{\xi_p}}$ 遠大於

$E_\mu^{c_{\xi_i}}$，且 $E_{\xi_p}^{c_{\xi_i}}$ 遠大於 $E_{\theta_p}^{c_{\xi_i}}$，表明當 $\alpha = 99.9\%$ 時，c_{ξ_p} 主要受到形狀參數變動的影響而變動。

(5) $\dfrac{\partial E_{\xi_p}^{c_{\xi_i}}}{\partial \alpha} > 0$，$\dfrac{\partial E_\mu^{c_{\xi_i}}}{\partial \alpha} < 0$，隨 α 遞增，$E_{\xi_p}^{c_{\xi_i}}$ 遞增，而 $E_\mu^{c_{\xi_i}}$ 遞減；而 $E_{\theta_p}^{c_{\xi_i}}$ 不受 α 變動的影響。$\dfrac{\partial E_{\xi_p}^{c_{\xi_i}}}{\partial \alpha}$ 遠大於 $\dfrac{\partial E_\mu^{c_{\xi_i}}}{\partial \alpha}$，因此，當 $\alpha = 99.9\%$ 時，置信度 α 的變動主要通過影響 $E_{\xi_p}^{c_{\xi_i}}$ 而對 c_{ξ_p} 產生影響。

(6) $\dfrac{E_{\xi_p}^{c_{\xi_i}}}{\partial \xi_p} > 0$，$\dfrac{E_{\xi_p}^{c_{\xi_i}}}{\partial \mu} > 0$，$E_{\xi_p}^{c_{\xi_i}}$ 隨形狀參數、頻數參數遞增而遞增，且 $\dfrac{E_{\xi_p}^{c_{\xi_i}}}{\partial \xi_p}$ 遠大於 $\dfrac{E_{\xi_p}^{c_{\xi_i}}}{\partial \mu}$，因此 $E_{\xi_p}^{c_{\xi_i}}$ 主要受形狀參數變動的影響而變動。

(7) $\dfrac{E_\mu^{c_{\xi_i}}}{\partial \xi_p} > 0$，$\dfrac{E_\mu^{c_{\xi_i}}}{\partial \mu} < 0$，表明 $E_\mu^{c_{\xi_i}}$ 隨形狀參數遞增而遞增，隨頻數參數遞增而遞減，且 $\dfrac{E_\mu^{c_{\xi_i}}}{\partial \xi_p}$ 遠大於 $\dfrac{E_\mu^{c_{\xi_i}}}{\partial \mu}$，因此，$E_\mu^{c_{\xi_i}}$ 主要受到形狀參數變動的影響而變動。

上述分析表明命題 3-3 是有效的，在高置信度（$\alpha = 99.9\%$）下，形狀參數不僅是 c_{ξ_p} 的關鍵影響參數，而且是 c_{ξ_p} 靈敏度的關鍵影響參數；更進一步，隨形狀參數遞增，不僅 c_{ξ_p} 遞增，而且 c_{ξ_p} 的靈敏度也遞增，即 c_{ξ_p} 以遞增速度遞增。

3.2.3 結論

由上述示例分析可得如下結論：

第一，命題 3-1、命題 3-2 以及命題 3-3 能有效地判定出不確定性傳遞系數 c_{ξ_p}、c_μ、c_{θ_p} 變動的一般規律，從而構成操作風險度量精度變動趨勢的判定模型。根據該理論模型可判定操作風險度量精度變動的趨勢以及關鍵影響參數，從而可知操作風險度量精度變動的一般規律。

第二，針對上述示例，當操作損失強度為 Pareto 分佈時，高置信度（$\alpha = 99.9\%$）下，形狀參數是不確定性傳遞系數 c_{ξ_p}、c_μ、c_{θ_p} 及其靈敏度的關鍵影響參數，而且隨形狀參數遞增，不確定性傳遞系數將以遞增速度遞增。也就是說，形狀參數是操作風險度量精度的關鍵影響參數，隨形狀參數遞增，操作風

險價值置信區間長度以遞增速度遞增。這意味著，在高置信度 α 下，隨形狀參數 ξ_p 遞增，操作風險度量精度以遞增速度遞減。

3.3 Weibull 分佈下操作風險度量的精度

3.3.1 操作風險度量的精度

根據前述文獻對操作損失強度的擬合結果，可假設操作損失強度為 Weibull 分佈[94,155]：

$$F_w(x) = 1 - \exp\left[-\left(\frac{x}{\theta_w}\right)^{\xi_w}\right], x > 0, \xi_w > 0, \theta_w > 0 \quad (3\text{-}29)$$

式中，x 表示操作損失強度；θ_w 表示 Weibull 分佈尺度參數；ξ_w 表示 Weibull 分佈形狀參數。

將（3-29）式代入（3-1）式，得如下公式[141]：

$$OpVaR_{\Delta t}(\alpha)_w \cong \theta_w \left(\ln \frac{\mu_w}{1-\alpha}\right)^{\frac{1}{\xi_w}}, \xi_w > 0, \theta_w > 0, \mu \geq 0 \quad (3\text{-}30)$$

因 $\frac{\mu}{1-\alpha} \geq 1$，則 $\ln \frac{\mu}{1-\alpha} \geq 0$，所以 $\left(\ln \frac{\mu}{1-\alpha}\right)^{\frac{1}{\xi_w}} \geq 0$，$OpVaR_{\Delta t}(\alpha)_w \geq 0$，即（3-30）式有意義。

當 $\frac{\mu}{1-\alpha} = 1$ 時，則 $OpVaR_{\Delta t}(\alpha)_w = 0$，即不存在操作風險。如果金融機構停止業務活動，那麼，將不存在操作風險。

當 $\frac{\mu}{1-\alpha} > 1$ 時，則 $OpVaR_{\Delta t}(\alpha)_w > 0$，這是商業銀行操作風險的一般狀態，以下將探討在該狀態下操作風險關鍵管理參數的判別問題。

根據 $OpVaR(\alpha)_w$ 不確定度的合成機理[143-144]，特徵參數 ξ_w、θ_w 與 μ_w 的標準差經不確定性傳遞系數的傳遞，合成 $OpVaR(\alpha)_w$ 的標準差。因此，當不考慮 ξ_w、θ_w 與 μ_w 之間的相關性時，可得 $OpVaR(\alpha)_w$ 的標準差如下：

$$\sigma_{OpVaR(\alpha)_w} = \sqrt{\left(\frac{\partial OpVaR}{\partial \theta_w}\right)^2 \sigma_{\theta_w}^2 + \left(\frac{\partial OpVaR}{\partial \mu_w}\right)^2 \sigma_{\mu_w}^2 + \left(\frac{\partial OpVaR}{\partial \xi_w}\right)^2 \sigma_{\xi_w}^2} \quad (3\text{-}31)$$

式中：$\dfrac{\partial OpVaR}{\partial \xi_w}$、$\dfrac{\partial OpVaR}{\partial \theta_w}$、$\dfrac{\partial OpVaR}{\partial \mu_w}$ 分別表示參數 ξ_w、θ_w 與 μ_w 的不確定性傳遞係數；σ_{ξ_w}、σ_{θ_w} 及 σ_{μ_w} 分別表示 ξ_w、θ_w 與 μ_w 的標準差。

由（3-30）式所得 $OpVaR(\alpha)_w$ 的標準差可知，$OpVaR(\alpha)_w$ 的置信區間為 $[OpVaR(\alpha)_w \pm \tau \sigma_{OpVaR_w}]$，其中 τ 為某一置信度下的置信係數。該置信區間長度衡量了操作風險度量的精度，因此，以下將分別對此進行研究。

3.3.2 操作風險度量精度及其靈敏度

$OpVaR(\alpha)_w$ 置信區間的長度表徵了 $OpVaR(\alpha)_w$ 估計的精度，由兩個量決定：置信係數 τ 和 $OpVaR(\alpha)_w$ 的標準差。置信係數 τ 由主觀設定的置信度決定；$OpVaR(\alpha)_w$ 的標準差由分佈特徵參數標準差和不確定性傳遞係數共同決定。其中，分佈特徵參數的變化僅影響不確定性傳遞係數，因此，不確定性傳遞係數相對於特徵參數（ξ_w、θ_w、μ_w）變化的靈敏度，反應了 $OpVaR(\alpha)_w$ 置信區間的長度相對於特徵參數（ξ_w、θ_w、μ_w）變化的靈敏度。基於此，以下將通過分析不確定性傳遞係數相對於分佈特徵參數的靈敏度，探討操作風險價值置信區間的長度的靈敏度。

將（3-30）式代入定義 3-1，可得特徵參數 ξ_w、θ_w、μ_w 的不確定性傳遞係數分別為：

$$c_{\theta_w} = (\ln \dfrac{\mu_w}{1-\alpha})^{\frac{1}{\xi_w}} \qquad (3-32)$$

$$c_{\xi_w} = -\theta_w \xi_w^{-2} (\ln \dfrac{\mu_w}{1-\alpha})^{\frac{1}{\xi_w}} \ln(\ln \dfrac{\mu_w}{1-\alpha}) \qquad (3-33)$$

$$c_{\mu_w} = \dfrac{\theta_w}{\xi_w \mu_w} (\ln \dfrac{\mu_w}{1-\alpha})^{\frac{1}{\xi_w}-1} \qquad (3-34)$$

同前述分析，以特徵參數的變動程度（$\Delta \xi_w/\xi_w$、$\Delta \theta_w/\theta_w$、$\Delta \mu_w/\mu_w$）所引起的特徵參數不確定性傳遞係數的變動程度（$\Delta c_{\xi_w}/c_{\xi_w}$、$\Delta c_{\theta_w}/c_{\theta_w}$、$\Delta c_{\mu_w}/c_{\mu_w}$），來表示特徵參數不確定性傳遞係數相對於特徵參數（ξ_w、θ_w、μ_w）變動的靈敏度，即操作風險價值置信區間的長度相對於特徵參數變動的彈性。通過對該彈性的理論分析，即可在理論上對操作風險價值置信區間長度的關鍵影響參數進行探討。

3.3.2.1 理論探討

將 (3-32) 式代入定義 3-2 可得

$$E_{\theta_w}^{c_{\theta_w}} = 0 \tag{3-35}$$

$$E_{\xi_w}^{c_{\theta_w}} = -\xi_w^{-1} \ln(\ln\frac{\mu_w}{1-\alpha}) \tag{3-36}$$

$$E_{\mu_w}^{c_{\theta_w}} = \xi_w^{-1} (\ln\frac{\mu_w}{1-\alpha})^{-1} \tag{3-37}$$

(3-35) 式表明 c_{θ_w} 的尺度參數彈性為單位彈性，即 θ_w 變動1%，c_{θ_w} 始終變動1%；(3-36)~(3-37) 式表明 c_{θ_w} 的形狀參數彈性 $E_{\xi_w}^{c_{\theta_w}}$ 與頻數參數彈性 $E_{\mu_w}^{c_{\theta_w}}$ 都與尺度參數無關，影響 c_{θ_w} 靈敏度的參數僅為 θ_w 或 μ_w。下面給出其一般性命題。

命題 3-4　在前述假定下，存在

(1) $\dfrac{\partial E_{\xi_w}^{c_{\theta_w}}}{\partial \alpha} < 0$，$\dfrac{\partial E_{\mu_w}^{c_{\theta_w}}}{\partial \alpha} < 0$，當 $\alpha \to 1$ 時，$E_{\xi_w}^{c_{\theta_w}} \to -\infty$，$E_{\mu_w}^{c_{\theta_w}} \to 0$。

(2) 當 $0 < \ln\dfrac{\mu_w}{1-\alpha} \leqslant 1$ 時，$E_{\xi_w}^{c_{\theta_w}} \geqslant 0$，當 $\ln\dfrac{\mu_w}{1-\alpha} > 1$ 時，$E_{\xi_w}^{c_{\theta_w}} < 0$；當 $0 < \ln\dfrac{\mu_w}{1-\alpha} \leqslant 1$ 時，$\dfrac{\partial E_{\xi_w}^{c_{\theta_w}}}{\partial \xi_w} < 0$，當 $\ln\dfrac{\mu_w}{1-\alpha} > 1$ 時，$\dfrac{\partial E_{\xi_w}^{c_{\theta_w}}}{\partial \xi_w} \geqslant 0$；$\dfrac{\partial E_{\xi_w}^{c_{\theta_w}}}{\partial \mu_w} < 0$；$E_{\mu_w}^{c_{\theta_w}} > 0$；$\dfrac{\partial E_{\mu_w}^{c_{\theta_w}}}{\partial \xi_w} < 0$，$\dfrac{\partial E_{\mu_w}^{c_{\theta_w}}}{\partial \mu_w} < 0$。

(3) 當 $\left| -\ln\dfrac{\mu_w}{1-\alpha} \ln(\ln\dfrac{\mu_w}{1-\alpha}) \right| \geqslant 1$ 時，$|E_{\xi_w}^{c_{\theta_w}}| \geqslant E_{\mu_w}^{c_{\theta_w}}$；反之，$|E_{\xi_w}^{c_{\theta_w}}| < E_{\mu_w}^{c_{\theta_w}}$。

證明　在前述假定下，首先證明 (1)。由 (3-36) 式可得

$$\frac{\partial E_{\xi_w}^{c_{\theta_w}}}{\partial \alpha} = -\frac{1}{(1-\alpha)\xi_w \ln\dfrac{\mu_w}{1-\alpha}}$$

因為 $\xi_w > 0$，$\ln\dfrac{\mu_w}{1-\alpha} > 0$，所以 $\dfrac{\partial E_{\xi_w}^{c_{\theta_w}}}{\partial \alpha} < 0$。再由 (3-36) 式可得

$$\lim_{\alpha \to 1} E_{\xi_w}^{c_{\theta_w}} = \lim_{\alpha \to 1}\left[-\ln(\ln\frac{\mu_w}{1-\alpha})^{\xi_w^{-1}} \right] = -\infty$$

即當 $\alpha \to 1$ 時，$E_{\xi_w}^{c_{\theta_w}} \to -\infty$ 成立。

3　重尾性操作風險度量精度 | 73

由（3-37）式可得

$$\frac{\partial E_{\mu_w}^{c_{\theta_*}}}{\partial \alpha} = -\frac{1}{(1-\alpha)\xi_w (\ln\frac{\mu_w}{1-\alpha})^2}$$

因為 $\xi_w > 0$，$\ln\frac{\mu_w}{1-\alpha} > 0$，所以 $\frac{\partial E_{\mu_w}^{c_{\theta_*}}}{\partial \alpha} < 0$。再由（3-37）式可得

$$\lim_{\alpha \to 1} E_{\mu_w}^{c_{\theta_*}} = \lim_{\alpha \to 1} (\xi_w \ln\frac{\mu_w}{1-\alpha})^{-1} = 0$$

即當 $\alpha \to 1$ 時，$E_{\mu_w}^{c_{\theta_*}} \to 0$ 成立。

對於（2）。由（3-36）式可知：

因為 $(\ln\frac{\mu_w}{1-\alpha})^{\frac{1}{\xi_w}} \geq 0$ 且 $\xi_w > 0$，所以，當 $0 < \ln\frac{\mu_w}{1-\alpha} \leq 1$ 時，$E_{\xi_w}^{c_{\theta_*}} \geq 0$，當 $\ln\frac{\mu_w}{1-\alpha} > 1$ 時，$E_{\xi_w}^{c_{\theta_*}} < 0$ 成立。

再由（3-36）式可得：

$$\frac{\partial E_{\xi_w}^{c_{\theta_*}}}{\partial \xi_w} = \xi_w^{-2}\ln(\ln\frac{\mu_w}{1-\alpha}) \qquad (3-38)$$

$$\frac{\partial E_{\xi_w}^{c_{\theta_*}}}{\partial \mu_w} = -(\xi_w \mu_w \ln\frac{\mu_w}{1-\alpha})^{-1} \qquad (3-39)$$

因為 $\xi_w > 0$，$\ln\frac{\mu_w}{1-\alpha} > 0$，$\mu_w > 0$，則：

由（3-38）式可知，當 $\ln\frac{\mu_w}{1-\alpha} > 1$ 時，$\frac{\partial E_{\xi_w}^{c_{\theta_*}}}{\partial \xi_w} \geq 0$，當 $0 < \ln\frac{\mu_w}{1-\alpha} \leq 1$ 時，$\frac{\partial E_{\xi_w}^{c_{\theta_*}}}{\partial \xi_w} < 0$；

由（3-39）式可知，$\frac{\partial E_{\xi_w}^{c_{\theta_*}}}{\partial \mu_w} < 0$。

由（3-37）式可知：因為 $\ln\frac{\mu_w}{1-\alpha} > 0$ 且 $\xi_w > 0$，所以 $E_{\mu_w}^{c_{\theta_*}} = (\xi_w \ln\frac{\mu_w}{1-\alpha})^{-1} > 0$。

再由 (3-37) 式有

$$\frac{\partial E_{\mu_w}^{c_{\theta_w}}}{\partial \xi_w} = -\xi_w^{-2} (\ln \frac{\mu_w}{1-\alpha})^{-1}$$

$$\frac{\partial E_{\mu_w}^{c_{\theta_w}}}{\partial \mu} = -\xi_w^{-1} \mu_w^{-1} (\ln \frac{\mu_w}{1-\alpha})^{-2}$$

因為 $\xi_w > 0$，$\ln \frac{\mu_w}{1-\alpha} > 0$，$\mu_w > 0$，則有：$\frac{\partial E_{\mu_w}^{c_{\theta_w}}}{\partial \xi_w} < 0$，$\frac{\partial E_{\mu_w}^{c_{\theta_w}}}{\partial \mu} < 0$。

對於 (3)。由 $\frac{E_{\xi_w}^{c_{\theta_w}}}{E_{\mu_w}^{c_{\theta_w}}} = \frac{-\ln(\ln \frac{\mu_w}{1-\alpha})^{\xi_w^{-1}}}{(\xi_w \ln \frac{\mu_w}{1-\alpha})^{-1}} = -\ln \frac{\mu_w}{1-\alpha} \ln(\ln \frac{\mu_w}{1-\alpha})$ 知：

當 $\left| \ln \frac{\mu_w}{1-\alpha} \ln(\ln \frac{\mu_w}{1-\alpha}) \right| \geq 1$ 時，$|E_{\xi_w}^{c_{\theta_w}}| \geq E_{\mu_w}^{c_{\theta_w}}$；反之，$|E_{\xi_w}^{c_{\theta_w}}| < E_{\mu_w}^{c_{\theta_w}}$。

命題 3-4 給出了影響 c_{θ_w} 的兩方面因素：

其一，置信度 α 的影響。隨 α 遞增，$E_{\xi_w}^{c_{\theta_w}}$ 和 $E_{\mu_w}^{c_{\theta_w}}$ 都遞減，在高置信度下，$E_{\xi_w}^{c_{\theta_w}}(c_{\theta_w}$ 相對於 ξ_w 變動的靈敏度) 趨於不確定的負無窮大，而 $E_{\mu_w}^{c_{\theta_w}}(c_{\theta_w}$ 相對於 μ_w 變動的靈敏度) 趨於確定值 0。

其二，特徵參數 ξ_w、μ_w 的影響。當 $0 < \ln[\mu_w/(1-\alpha)] \leq 1$ 時，隨 ξ_w 遞增，c_{θ_w} 以遞減速度遞增，而當 $\ln[\mu_w/(1-\alpha)] > 1$ 時，c_{θ_w} 以遞增速度遞減；隨 μ_w 遞增，c_{θ_w} 總是以遞減速度遞增。

進一步，由命題 3-4 可判斷 $E_{\xi_w}^{c_{\theta_w}}$ 和 $E_{\mu_w}^{c_{\theta_w}}$ 間的相對大小，並由此可知 c_{θ_w} 隨特徵參數變動而變動的趨勢，及其關鍵影響參數。

將 (3-33) 式代入定義 3-2 可得

$$E_{\theta_w}^{c_{\xi_w}} = 1 \tag{3-40}$$

$$E_{\xi_w}^{c_{\xi_w}} = -2 - \xi_w^{-1} \ln(\ln \frac{\mu_w}{1-\alpha}) \tag{3-41}$$

$$E_{\mu_w}^{c_{\xi_w}} = (\ln \frac{\mu_w}{1-\alpha})^{-1} \{\xi_w^{-1} + [\ln(\ln \frac{\mu_w}{1-\alpha})]^{-1}\} \tag{3-42}$$

$E_{\theta_w}^{c_{\xi_w}} = 1$ 表明尺度參數變動 1%，c_{ξ_w} 僅變動 1%；(3-41) ~ (3-42) 式表明 c_{ξ_w} 相對於 ξ_w (或 μ_w) 變動的靈敏度僅與 ξ_w、μ_w 有關。以下給出 c_{ξ_w} 變動的一般

性命題。

命題 3-5 在前述假定下，存在

(1) $\dfrac{\partial E^{c_L}_{\xi_*}}{\partial \alpha} < 0$，當 $\alpha \to 1$ 時，$E^{c_L}_{\xi_*} \to -\infty$；若 $0 < \xi_w \leq 4$，則 $\dfrac{\partial E^{c_L}_{\mu_*}}{\partial \alpha} \leq 0$，若 $\xi_w > 4$，則：當 $\dfrac{-\xi_w - \sqrt{\xi_w(\xi_w - 4)}}{2} \leq \ln(\ln\dfrac{\mu_w}{1-\alpha}) \leq \dfrac{-\xi_w + \sqrt{\xi_w(\xi_w - 4)}}{2}$ 時，$\dfrac{\partial E^{c_L}_{\mu_*}}{\partial \alpha} \geq 0$；當 $\ln(\ln\dfrac{\mu_w}{1-\alpha}) < \dfrac{-\xi_w - \sqrt{\xi_w(\xi_w - 4)}}{2}$ 或 $\ln(\ln\dfrac{\mu_w}{1-\alpha}) < \dfrac{-\xi_w + \sqrt{\xi_w(\xi_w - 4)}}{2}$ 時，$\dfrac{\partial E^{c_L}_{\mu_*}}{\partial \alpha} < 0$；當 $\alpha \to 1$ 時，$E^{c_L}_{\mu_*} \to 0$。

(2) 當 $0 < \ln\dfrac{\mu_w}{1-\alpha} \leq \exp(-2\xi_w)$ 時，$E^{c_L}_{\xi_*} \geq 0$，反之，當 $\ln\dfrac{\mu_w}{1-\alpha} > \exp(-2\xi_w)$ 時，$E^{c_L}_{\xi_*} < 0$ 成立；當 $\ln\dfrac{\mu_w}{1-\alpha} \leq e^{-\xi}$ 時，$E^{c_L}_{\mu_*} \geq 0$，當 $e^{-\xi} < \ln\dfrac{\mu_w}{1-\alpha} \leq 1$ 時，$E^{c_L}_{\mu_*} < 0$。

(3) 當 $0 < \ln\dfrac{\mu_w}{1-\alpha} \leq 1$ 時，$\dfrac{\partial E^{c_L}_{\xi_*}}{\partial \xi_w} \leq 0$，當 $\ln\dfrac{\mu_w}{1-\alpha} \geq 1$ 時，$\dfrac{\partial E^{c_L}_{\xi_*}}{\partial \xi_w} > 0$；$\dfrac{\partial E^{c_L}_{\xi_*}}{\partial \mu_w} < 0$；當 $0 < \ln\dfrac{\mu_w}{1-\alpha} \leq 1$ 時，$\dfrac{\partial E^{c_L}_{\mu_*}}{\partial \xi_w} \geq 0$，反之，當 $\ln\dfrac{\mu_w}{1-\alpha} \geq 1$ 時，$\dfrac{\partial E^{c_L}_{\mu_*}}{\partial \xi_w} < 0$；若 $0 < \xi_w \leq 4$，則 $\dfrac{\partial E^{c_L}_{\mu_*}}{\partial \mu_w} \leq 0$，若 $\xi_w > 4$，則：當 $\dfrac{-\xi_w - \sqrt{\xi_w(\xi_w - 4)}}{2} \leq \ln(\ln\dfrac{\mu_w}{1-\alpha}) \leq \dfrac{-\xi_w + \sqrt{\xi_w(\xi_w - 4)}}{2}$ 時，$\dfrac{\partial E^{c_L}_{\mu_*}}{\partial \mu_w} \geq 0$；當 $\ln(\ln\dfrac{\mu_w}{1-\alpha}) < \dfrac{-\xi_w - \sqrt{\xi_w(\xi_w - 4)}}{2}$ 或 $\ln(\ln\dfrac{\mu_w}{1-\alpha}) < \dfrac{-\xi_w + \sqrt{\xi_w(\xi_w - 4)}}{2}$ 時，$\dfrac{\partial E^{c_L}_{\mu_*}}{\partial \mu_w} < 0$；

(4) 當 $\ln\dfrac{\mu_w}{1-\alpha} \left| 2\xi_w \ln(\ln\dfrac{\mu_w}{1-\alpha}) + [\ln(\ln\dfrac{\mu_w}{1-\alpha})]^2 \right| \geq \left| \xi_w + \ln(\ln\dfrac{\mu_w}{1-\alpha}) \right|$ 時，$|E^{c_L}_{\xi_*}| \geq |E^{c_L}_{\mu_*}|$；反之，$|E^{c_L}_{\xi_*}| < |E^{c_L}_{\mu_*}|$。

證明 在前述假定下，首先證明 (1)。由 (3-41) 式可得

$$\frac{\partial E_{\xi_w}^{c_{i_i}}}{\partial \alpha} = -\frac{1}{(1-\alpha)\xi_w \ln\frac{\mu_w}{1-\alpha}}$$

因為 $\xi_w > 0$, $\ln\frac{\mu_w}{1-\alpha} > 0$, 所以 $\frac{\partial E_{\xi_w}^{c_{i_i}}}{\partial \alpha} < 0$。再由 (3-41) 式可得

$$\lim_{\alpha \to 1} E_{\xi_w}^{c_{i_i}} = \lim_{\alpha \to 1}\left[-2 - \ln\left(\ln\frac{\mu_w}{1-\alpha}\right)^{\xi_w^{-1}}\right] = -\infty$$

即當 $\alpha \to 1$ 時, $E_{\xi_w}^{c_{i_i}} \to -\infty$ 成立。

由 (3-42) 式可得

$$\frac{\partial E_{\mu_w}^{c_{i_i}}}{\partial \alpha} = -(1-\alpha)^{-1}\left(\ln\frac{\mu_w}{1-\alpha}\right)^{-2}\frac{\left[\ln\left(\ln\frac{\mu_w}{1-\alpha}\right)\right]^2 + \xi_w\ln\left(\ln\frac{\mu_w}{1-\alpha}\right) + \xi_w}{\xi_w\left[\ln\left(\ln\frac{\mu_w}{1-\alpha}\right)\right]^2}$$

令 $b = \ln\left(\ln\frac{\mu_w}{1-\alpha}\right)$, 因為 $\ln\frac{\mu_w}{1-\alpha} \geq 0$, 所以 $b \in (-\infty, +\infty)$, 進一步, 記

$$N(b) = \left[\ln\left(\ln\frac{\mu_w}{1-\alpha}\right)\right]^2 + \xi_w\ln\left(\ln\frac{\mu_w}{1-\alpha}\right) + \xi_w = b^2 + \xi_w b + \xi_w$$

方程 $N(b) = 0$ 的判別式為

$$\Delta = \xi_w(\xi_w - 4)$$

所以, 若 $0 < \xi_w \leq 4$, $N(b) \geq 0$, 則 $\frac{\partial E_{\mu_w}^{c_{i_i}}}{\partial \alpha} \leq 0$; 若 $\xi_w > 4$, 則:

當 $\frac{-\xi_w - \sqrt{\xi_w(\xi_w - 4)}}{2} \leq \ln\left(\ln\frac{\mu_w}{1-\alpha}\right) \leq \frac{-\xi_w + \sqrt{\xi_w(\xi_w - 4)}}{2}$ 時, $\frac{\partial E_{\mu_w}^{c_{i_i}}}{\partial \alpha} \geq 0$;

當 $\ln\left(\ln\frac{\mu_w}{1-\alpha}\right) < \frac{-\xi_w - \sqrt{\xi_w(\xi_w - 4)}}{2}$ 或 $\ln\left(\ln\frac{\mu_w}{1-\alpha}\right) < \frac{-\xi_w + \sqrt{\xi_w(\xi_w - 4)}}{2}$ 時, $\frac{\partial E_{\mu_w}^{c_{i_i}}}{\partial \alpha} < 0$。

再由 (3-42) 式可得

$$\lim_{\alpha \to} E_{\mu_w}^{c_{i_i}} = \lim_{\alpha \to}\left(\ln\frac{\mu_w}{1-\alpha}\right)^{-1}\left\{\xi_w^{-1} + \left[\ln\left(\ln\frac{\mu_w}{1-\alpha}\right)\right]^{-1}\right\} = 0$$

即當 $\alpha \to 1$ 時, $E_{\mu_w}^{c_i} \to 0$ 成立。

對於 (2), 由 (3-41) 式有, 若 $E_{\xi_w}^{c_i} \geqslant 0$, 則有

$$\ln \frac{\mu_w}{1-\alpha} \leqslant \exp(-2\xi_w)$$

又因為 $\ln \frac{\mu_w}{1-\alpha} > 0$, 所以, 當 $0 < \ln \frac{\mu_w}{1-\alpha} \leqslant \exp(-2\xi_w)$ 時, $E_{\xi_w}^{c_i} \geqslant 0$; 反之, 當 $\ln \frac{\mu_w}{1-\alpha} > \exp(-2\xi_w)$ 時, $E_{\xi_w}^{c_i} < 0$ 成立。

由 (3-42) 式有, 若 $E_{\mu_w}^{c_i} \geqslant 0$, 則有

$$\xi_w^{-1} + \left[\ln(\ln \frac{\mu_w}{1-\alpha})\right]^{-1} \geqslant 0$$

進一步, 有

$$\begin{cases} \ln(\ln \frac{\mu_w}{1-\alpha}) \geqslant 0 \\ \xi_w^{-1} + [{}^1n(\ln)] - 1 \geqslant 0 \end{cases}, \quad 或 \quad \begin{cases} \ln(\ln \frac{\mu_w}{1-\alpha}) < 0 \\ \xi_w^{-1} + [{}^1n(\ln)] - 1 \geqslant 0 \end{cases}$$

即

$$\begin{cases} \ln \frac{\mu_w}{1-\alpha} \geqslant 1 \\ \ln \frac{\mu_w}{1-\alpha} \geqslant e^{-\xi_w} \end{cases}, \quad 或 \quad \begin{cases} 0 < \ln \frac{\mu_w}{1-\alpha} < 1 \\ \ln \frac{\mu_w}{1-\alpha} \leqslant e^{-\xi} \end{cases}$$

由 $\xi_w > 0$ 可知, $e^{-\xi} < 1$。因此, 當 $\ln \frac{\mu_w}{1-\alpha} \leqslant e^{-\xi}$ 時, $E_{\mu_w}^{c_i} \geqslant 0$ 成立。

若 $E_{\mu_w}^{c_i} < 0$, 則有

$$\xi_w^{-1} + \left[\ln(\ln \frac{\mu_w}{1-\alpha})\right]^{-1} < 0$$

進一步, 有

$$\begin{cases} \ln(\ln \frac{\mu_w}{1-\alpha}) \geqslant 0 \\ \xi_w^{-1} + [{}^1n(\ln)] - 1 < 0 \end{cases}, \quad 或 \quad \begin{cases} \ln(\ln \frac{\mu_w}{1-\alpha}) < 0 \\ \xi_w^{-1} + [{}^1n(\ln)] - 1 < 0 \end{cases}$$

即

$$\begin{cases} \ln\dfrac{\mu_w}{1-\alpha} \geqslant 1 \\ \ln\dfrac{\mu_w}{1-\alpha} < e^{-\xi_w} \end{cases}, \quad 或 \quad \begin{cases} 0 < \ln\dfrac{\mu_w}{1-\alpha} < 1 \\ \ln\dfrac{\mu_w}{1-\alpha} > e^{-\xi_w} \end{cases}$$

所以，當 $e^{-\xi_w} < \ln\dfrac{\mu_w}{1-\alpha} \leqslant 1$ 時，$E_{\mu_w}^{c_{i_n}} < 0$ 成立。

對於（3），由（3-41）式有

$$\frac{\partial E_{\xi_w}^{c_{i_n}}}{\partial \xi_w} = \xi_w^{-2}\ln\left(\ln\frac{\mu_w}{1-\alpha}\right) \tag{3-43}$$

$$\frac{\partial E_{\xi_w}^{c_{i_n}}}{\partial \mu_w} = -\frac{1}{\xi_w \mu_w \ln\dfrac{\mu_w}{1-\alpha}} \tag{3-44}$$

由（3-43）式可知：當 $0 < \ln\dfrac{\mu_w}{1-\alpha} \leqslant 1$ 時，$\dfrac{\partial E_{\xi_w}^{c_{i_n}}}{\partial \xi_w} \leqslant 0$；反之，當 $\ln\dfrac{\mu_w}{1-\alpha} \geqslant 1$ 時，$\dfrac{\partial E_{\xi_w}^{c_{i_n}}}{\partial \xi_w} > 0$。

由（3-44）式可知：因 $\ln\dfrac{\mu_w}{1-\alpha} > 0$，所以 $\dfrac{\partial E_{\xi_w}^{c_{i_n}}}{\partial \mu_w} < 0$ 成立。

由（3-42）式有

$$\frac{\partial E_{\mu_w}^{c_{i_n}}}{\partial \xi_w} = -\frac{1}{\xi_w^2 \ln\dfrac{\mu_w}{1-\alpha}} \tag{3-45}$$

$$\frac{\partial E_{\mu_w}^{c_{i_n}}}{\partial \mu_w} = -\frac{1}{\mu_w}\left(\ln\frac{\mu_w}{1-\alpha}\right)^{-2} \frac{\left[\ln\left(\ln\dfrac{\mu_w}{1-\alpha}\right)\right]^2 + \xi_w \ln\left(\ln\dfrac{\mu_w}{1-\alpha}\right) + \xi_w}{\xi_w \left[\ln\left(\ln\dfrac{\mu_w}{1-\alpha}\right)\right]^2} \tag{3-46}$$

由（3-45）式可知：當 $0 < \ln\dfrac{\mu_w}{1-\alpha} \leqslant 1$ 時，$\dfrac{\partial E_{\mu_w}^{c_{i_n}}}{\partial \xi_w} \geqslant 0$；反之，當 $\ln\dfrac{\mu_w}{1-\alpha} \geqslant 1$ 時，$\dfrac{\partial E_{\mu_w}^{c_{i_n}}}{\partial \xi_w} < 0$。

由（3-46）式，根據前述結論可知：若 $0 < \xi_w \leqslant 4$，則 $\dfrac{\partial E_{\mu_w}^{c_{i_n}}}{\partial \mu_w} \leqslant 0$，若 ξ_w

> 4，則：當 $\dfrac{-\xi_w - \sqrt{\xi_w(\xi_w - 4)}}{2} \leqslant \ln(\ln\dfrac{\mu_w}{1-\alpha}) \leqslant \dfrac{-\xi_w + \sqrt{\xi_w(\xi_w - 4)}}{2}$ 時，$\dfrac{\partial E_{\mu_w}^{c_{\xi_w}}}{\partial \mu_w} \geqslant 0$；當 $\ln(\ln\dfrac{\mu_w}{1-\alpha}) < \dfrac{-\xi_w - \sqrt{\xi_w(\xi_w - 4)}}{2}$ 或 $\ln(\ln\dfrac{\mu_w}{1-\alpha}) < \dfrac{-\xi_w + \sqrt{\xi_w(\xi_w - 4)}}{2}$ 時，$\dfrac{\partial E_{\mu_w}^{c_{\xi_w}}}{\partial \mu_w} < 0$。

對於（4），由

$$\left|\dfrac{E_{\xi_w}^{c_{\xi_w}}}{E_{\mu_w}^{c_{\xi_w}}}\right| = \dfrac{\left|-2 - \xi_w^{-1}\ln(\ln\dfrac{\mu_w}{1-\alpha})\right|}{\left|(\ln\dfrac{\mu_w}{1-\alpha})^{-1}\{\xi_w^{-1} + [\ln(\ln\dfrac{\mu_w}{1-\alpha})]^{-1}\}\right|}$$

知：當 $\ln\dfrac{\mu_w}{1-\alpha}\left|2\xi_w\ln(\ln\dfrac{\mu_w}{1-\alpha}) + [\ln(\ln\dfrac{\mu_w}{1-\alpha})]^2\right| \geqslant \left|\xi_w + \ln(\ln\dfrac{\mu_w}{1-\alpha})\right|$ 時，$|E_{\xi_w}^{c_{\xi_w}}| \geqslant |E_{\mu_w}^{c_{\xi_w}}|$ 成立；反之，$|E_{\xi_w}^{c_{\xi_w}}| < |E_{\mu_w}^{c_{\xi_w}}|$ 成立。

命題 3-5 給出了影響 c_{ξ_w} 的兩方面因素：

其一，置信度 α 的影響。隨 α 遞增，$E_{\xi_w}^{c_{\xi_w}}$ 遞減，但 $E_{\mu_w}^{c_{\xi_w}}$ 的變動方向受到 ξ_w、μ_w 的影響。在高置信度下，c_{ξ_w} 隨 ξ_w 遞增而遞減速度趨於無窮大，幾乎不受 μ_w 變動的影響。

其二，特徵參數 ξ_w、μ_w 的影響。隨 μ_w 遞增，$E_{\xi_w}^{c_{\xi_w}}$ 遞增，但 $E_{\mu_w}^{c_{\xi_w}}$ 的變動方向由 ξ_w、μ_w 共同決定；隨 ξ_w 變動，$E_{\xi_w}^{c_{\xi_w}}$ 與 $E_{\mu_w}^{c_{\xi_w}}$ 變動方向都由 ξ_w、μ_w 共同決定。

進一步，由命題 3-5 可判斷 $E_{\xi_w}^{c_{\xi_w}}$ 與 $E_{\mu_w}^{c_{\xi_w}}$ 間的相對大小，並由此可知 c_{ξ_w} 隨特徵參數變動而變動的趨勢，及其關鍵影響參數。

將（3-34）式代入定義 3-2 可得

$$E_{\theta_w}^{c_{\mu_w}} = 1 \tag{3-47}$$

$$E_{\xi_w}^{c_{\mu_w}} = 1 + \xi_w^{-1}\ln(\ln\dfrac{\mu_w}{1-\alpha}) \tag{3-48}$$

$$E_{\mu_w}^{c_{\mu_w}} = (\xi_w^{-1} - 1)(\ln\dfrac{\mu_w}{1-\alpha})^{-1} - 1 \tag{3-49}$$

$E_{\theta_w}^{c_{\mu_w}} = 1$ 表明尺度參數變動 1%，c_{μ_w} 僅變動 1%；（3-48）~（3-49）式表明 c_{μ_w} 相對於 ξ_w（或 μ_w）變動的靈敏度僅與 ξ_w、μ_w 有關。以下給出 c_{μ_w} 變動的一般

性命題。

命題 3-6 在前述假定下，存在

（1）$\dfrac{\partial E^{c_{\rho_n}}_{\xi_n}}{\partial \alpha} > 0$，當 $\alpha \to 1$ 時，$E^{c_{\rho_n}}_{\xi_n} \to +\infty$；當 $\xi_w \geqslant 1$ 時，$\dfrac{\partial E^{c_{\rho_n}}_{\mu_n}}{\partial \alpha} \geqslant 0$，當 $0 < \xi_w < 1$ 時，$\dfrac{\partial E^{c_{\rho_n}}_{\mu_n}}{\partial \alpha} < 0$，當 $\alpha \to 1$ 時，$E^{c_{\rho_n}}_{\mu_n} \to -1$。

（2）當 $\ln\dfrac{\mu_w}{1-\alpha} \geqslant \exp(-\xi_w)$ 時，$E^{c_{\rho_n}}_{\xi_n} \geqslant 0$，當 $0 < \ln\dfrac{\mu_w}{1-\alpha} < \exp(-\xi_w)$ 時，$E^{c_{\rho_n}}_{\xi_n} < 0$；當 $0 < \ln\dfrac{\mu_w}{1-\alpha} \leqslant 1$ 時，$\dfrac{\partial E^{c_{\rho_n}}_{\xi_n}}{\partial \xi_w} \geqslant 0$，當 $\ln\dfrac{\mu_w}{1-\alpha} > 1$ 時，$\dfrac{\partial E^{c_{\rho_n}}_{\xi_n}}{\partial \xi_w} < 0$；$\dfrac{\partial E^{c_{\rho_n}}_{\xi_n}}{\partial \mu_w} > 0$；

（3）$0 < \ln\dfrac{\mu_w}{1-\alpha} \leqslant \xi_w^{-1} - 1$ 時，$E^{c_{\rho_n}}_{\mu_n} \geqslant 0$，當 $\ln\dfrac{\mu_w}{1-\alpha} > \xi_w^{-1} - 1$ 時，$E^{c_{\rho_n}}_{\mu_n} < 0$；$\dfrac{\partial E^{c_{\rho_n}}_{\mu_n}}{\partial \xi_w} < 0$；當 $\xi_w \geqslant 1$ 時，$\dfrac{\partial E^{c_{\rho_n}}_{\mu_n}}{\partial \mu_w} \geqslant 0$，當 $0 < \xi_w < 1$ 時，$\dfrac{\partial E^{c_{\rho_n}}_{\mu_n}}{\partial \mu_w} < 0$ 成立。

（4）當 $\ln\dfrac{\mu_w}{1-\alpha} \left|\xi_w + \ln(\ln\dfrac{\mu_w}{1-\alpha})\right| \geqslant \left|\xi_w + \xi_w \ln\dfrac{\mu_w}{1-\alpha} - 1\right|$ 時，$|E^{c_{\rho_n}}_{\xi_n}| \geqslant |E^{c_{\rho_n}}_{\mu_n}|$；反之，$|E^{c_{\rho_n}}_{\xi_n}| < |E^{c_{\rho_n}}_{\mu_n}|$。

證明 在前述假定下，首先證明（1）。由（3-48）式可得

$$\dfrac{\partial E^{c_{\rho_n}}_{\xi_n}}{\partial \alpha} = \dfrac{1}{(1-\alpha)\xi_w \ln\dfrac{\mu_w}{1-\alpha}}$$

因為 $\xi_w > 0$，$\ln\dfrac{\mu_w}{1-\alpha} > 0$，所以 $\dfrac{\partial E^{c_{\rho_n}}_{\xi_n}}{\partial \alpha} > 0$。再由（3-48）式可得

$$\lim_{\alpha \to 1} E^{c_{\rho_n}}_{\xi_n} = \lim_{\alpha \to 1}\left[1 + \xi_w^{-1}\ln(\ln\dfrac{\mu_w}{1-\alpha})\right] = +\infty$$

即當 $\alpha \to 1$ 時，$E^{c_{\rho_n}}_{\xi_n} \to +\infty$ 成立。

由（3-49）式可得

$$\dfrac{\partial E^{c_{\rho_n}}_{\mu_n}}{\partial \alpha} = \dfrac{\xi_w - 1}{(1-\alpha)\xi_w(\ln\dfrac{\mu_w}{1-\alpha})^2}$$

所以，當 $\xi_w \geq 1$ 時，$\dfrac{\partial E_{\mu_*}^{c_{p_*}}}{\partial \alpha} \geq 0$，當 $0 < \xi_w < 1$ 時，$\dfrac{\partial E_{\mu_*}^{c_{p_*}}}{\partial \alpha} < 0$ 成立。再由（3-49）式可得

$$\lim_{\alpha \to 1} E_{\mu_*}^{c_{p_*}} = \lim_{\alpha \to 1} \left\{ (\xi_w^{-1} - 1)\left(\ln \dfrac{\mu_w}{1-\alpha}\right)^{-1} - 1 \right\} = -1$$

即當 $\alpha \to 1$ 時，$E_{\mu_*}^{c_{p_*}} \to -1$ 成立。

對於（2），由（3-48）式可得，當

$$E_{\xi_*}^{c_{p_*}} = 1 + \xi_w^{-1} \ln\left(\ln \dfrac{\mu_w}{1-\alpha}\right) \geq 0$$

即 $\ln \dfrac{\mu_w}{1-\alpha} \geq \exp(-\xi_w)$ 時，$E_{\xi_*}^{c_{p_*}} \geq 0$；反之，當 $0 < \ln \dfrac{\mu_w}{1-\alpha} < \exp(-\xi_w)$ 時，$E_{\xi_*}^{c_{p_*}} < 0$ 成立。再由（3-48）式可得

$$\dfrac{\partial E_{\xi_*}^{c_{p_*}}}{\partial \xi_w} = -\dfrac{\ln\left(\ln \dfrac{\mu_w}{1-\alpha}\right)}{\xi_w^2} \quad (3-50)$$

$$\dfrac{\partial E_{\xi_*}^{c_{p_*}}}{\partial \mu_w} = \dfrac{1}{\xi_u \mu_w \ln \dfrac{\mu_w}{1-\alpha}} \quad (3-51)$$

由（3-50）式可知：當 $0 < \ln \dfrac{\mu_w}{1-\alpha} \leq 1$ 時，$\dfrac{\partial E_{\xi_*}^{c_{p_*}}}{\partial \xi_w} \geq 0$，當 $\ln \dfrac{\mu_w}{1-\alpha} > 1$ 時，$\dfrac{\partial E_{\xi_*}^{c_{p_*}}}{\partial \xi_w} < 0$。

由（3-51）式可知：因為 $\ln \dfrac{\mu_w}{1-\alpha} \geq 0$，所以 $\dfrac{\partial E_{\xi_*}^{c_{p_*}}}{\partial \mu_w} > 0$ 成立。

對於（3），由（3-49）式可得，當

$$E_{\mu_*}^{c_{p_*}} = (\xi_w^{-1} - 1)\left(\ln \dfrac{\mu_w}{1-\alpha}\right)^{-1} - 1 \geq 0$$

即，$0 < \ln \dfrac{\mu_w}{1-\alpha} \leq \xi_w^{-1} - 1$ 時，$E_{\mu_*}^{c_{p_*}} \geq 0$ 成立；反之，當 $\ln \dfrac{\mu_w}{1-\alpha} > \xi_w^{-1} - 1$ 時，$E_{\mu_*}^{c_{p_*}} < 0$。

再（3-49）式可得

$$\frac{\partial E_{\mu_w}^{c_{\mu_w}}}{\partial \xi_w} = -\frac{1}{\xi_w^2 \ln \dfrac{\mu_w}{1-\alpha}} \quad (3-52)$$

$$\frac{\partial E_{\mu_w}^{c_{\mu_w}}}{\partial \mu_w} = \frac{\xi_w - 1}{\xi_w \mu_w (\ln \dfrac{\mu_w}{1-\alpha})^2} \quad (3-53)$$

由（3-52）式可知，$\dfrac{\partial E_{\mu_w}^{c_{\mu_w}}}{\partial \xi_w} < 0$。

由（3-53）式可知：當 $\xi_w \geq 1$ 時，$\dfrac{\partial E_{\mu_w}^{c_{\mu_w}}}{\partial \mu_w} \geq 0$，當 $0 < \xi_w < 1$ 時，$\dfrac{\partial E_{\mu_w}^{c_{\mu_w}}}{\partial \mu_w} < 0$ 成立。

對於（4），由 $\dfrac{|E_{\xi_w}^{c_{\mu_w}}|}{|E_{\mu_w}^{c_{\mu_w}}|} = \dfrac{\left|1 + \xi_w^{-1} \ln(\ln \dfrac{\mu_w}{1-\alpha})\right|}{\left|(\xi_w^{-1} - 1)(\ln \dfrac{\mu_w}{1-\alpha})^{-1} - 1\right|}$ 知：

當 $\ln \dfrac{\mu_w}{1-\alpha} \left|\xi_w + \ln(\ln \dfrac{\mu_w}{1-\alpha})\right| \geq \left|\xi_w + \xi_w \ln \dfrac{\mu_w}{1-\alpha} - 1\right|$ 時，$|E_{\xi_w}^{c_{\mu_w}}| \geq |E_{\mu_w}^{c_{\mu_w}}|$；反之，$|E_{\xi_w}^{c_{\mu_w}}| < |E_{\mu_w}^{c_{\mu_w}}|$ 成立。

命題 3-6 給出了影響 c_{μ_w} 的兩方面因素：

其一，置信度 α 的影響。隨 α 遞增，$E_{\xi_w}^{c_{\mu_w}}$ 遞增，但 $E_{\mu_w}^{c_{\mu_w}}$ 遞增或遞減由 ξ_w 決定。在高置信度下，c_{μ_w} 隨 ξ_w 變動的靈敏度趨於無窮大，而隨 μ_w 變動的靈敏度趨於確定值 -1。

其二，特徵參數 ξ_w、μ_w 的影響。隨 ξ_w 遞增，$E_{\mu_w}^{c_{\mu_w}}$ 遞減，而 $E_{\xi_w}^{c_{\mu_w}}$ 變動方向由 μ_w 決定；隨 μ_w 遞增，$E_{\xi_w}^{c_{\mu_w}}$ 遞增，但 $E_{\mu_w}^{c_{\mu_w}}$ 的變動方向由 ξ_w 決定。

進一步，由命題 3-6 可判斷 $E_{\xi_w}^{c_{\mu_w}}$ 與 $E_{\mu_w}^{c_{\mu_w}}$ 間的相對大小，並由此可知 c_{μ_w} 隨特徵參數變動而變動的趨勢，及其關鍵影響參數。

通過上述對不確定性傳遞系數 c_θ、c_{μ_w}、c_{ξ_w} 靈敏度的理論探討可知，在高置信度 α 下，不確定性傳遞系數 c_θ、c_{μ_w}、c_{ξ_w} 變動的趨勢及其關鍵影響參數可由命題 3-4、命題 3-5、命題 3-6 進行判定。

3.3.2.2 示例分析

Dionne G. 和 Dahen H.（2008）[94] 以新巴塞爾協議規定的操作損失分類為

標準，在以損失分佈法度量加拿大某銀行的六類操作損失〔即內部詐欺（IF），外部詐欺（EF），就業政策和工作場所安全性（EPWS），客戶、產品及業務操作（CPBP），實體資產損壞（DPA），執行、交割及流程管理（EDPM）〕的操作風險價值的過程中，以 Weibull 分佈擬合了操作損失強度，以 Poisson 分佈擬合了操作損失頻數，得到操作損失分佈特徵參數值如表 3-7 所示。

表 3-7　　　　　　　　操作損失分佈特徵參數值

損失類型	IF	DPA	EPWS	CPBP	EDPM	EF
μ_w	0.515,9	0.337,6	0.617	3.242	9.853,5	141.261,1
ξ_w	0.59	0.52	0.57	1.30E-6	3.47E-7	0.82

根據 Weibull 分佈的特點，當其形狀參數小於 1 時，為重尾性分佈，且形狀參數越小，重尾性越強，拖尾越長，尾部越厚；反之，形狀參數越大，拖尾越短，尾部越薄。由表 3-7 可知，由於這六條產品線的形狀參數都小於 1，因此，這六條產品線的操作損失強度分佈都呈現重尾性。

當 $\alpha = 99.9\%$ 時，由表 3-7 中特徵參數 ξ_w、μ_w 以及命題 3-4，可得表 3-8。

表 3-8　　　　尺度參數不確定性傳遞系數彈性及其靈敏度

損失類型	$E_{\xi_w}^{c_\theta}$	$E_{\mu_w}^{c_\theta}$	$\dfrac{\partial E_{\xi_w}^{c_\theta}}{\partial \alpha}$	$\dfrac{\partial E_{\mu_w}^{c_\theta}}{\partial \alpha}$	$\dfrac{\partial E_{\xi_w}^{c_\theta}}{\partial \xi_w}$	$\dfrac{\partial E_{\xi_w}^{c_\theta}}{\partial \mu_w}$	$\dfrac{\partial E_{\mu_w}^{c_\theta}}{\partial \xi_w}$	$\dfrac{\partial E_{\mu_w}^{c_\theta}}{\partial \mu_w}$
IF	-3.11	0.27	-271.36	-43.45	5.26	-0.53	-0.46	-0.08
DPA	-3.39	0.33	-330.32	-56.74	6.51	-0.98	-0.64	-0.17
EPWS	-3.26	0.27	-273.06	-42.50	5.73	-0.44	-0.48	-0.07
CPBP	-1.61E+6	9.52E+4	-9.52E+7	-1.18E+7	1.24E+12	-2.94E+4	-7.32E+10	-3.63E+3
EDPM	-6.39E+6	3.13E+5	-3.13E+8	-3.41E+7	1.84E+13	-3.18E+4	-9.03E+11	-3.46E+3
EF	-3.02	0.10	-102.84	-8.67	3.68	-7.28E-4	-0.13	-6.14E-5

由表 3-8 可知：

（1）由於 $\ln \dfrac{\mu_w}{1-\alpha} > 1$，所以 $E_{\xi_w}^{c_\theta} < 0$，表明 c_θ 隨形狀參數遞增而遞減；總有 $E_{\mu_w}^{c_\theta} > 0$，即隨頻數參數遞增，c_θ 總是遞增。由於 $\left| -\ln \dfrac{\mu_w}{1-\alpha} \ln(\ln \dfrac{\mu_w}{1-\alpha}) \right| \geq$

1,所以 $|E^{c_{\theta_p}}_{\xi_w}| > E^{c_{\theta_p}}_{\mu_w}$,表明在高置信度下,形狀參數的影響程度大於頻數參數。

(2)隨置信度遞增,$E^{c_{\theta_p}}_{\xi_w}$ 和 $E^{c_{\theta_p}}_{\mu_w}$ 都遞減,但 $E^{c_{\theta_p}}_{\xi_w}$ 遞減速度大於 $E^{c_{\theta_p}}_{\mu_w}$ 遞減速度,因此,隨置信度遞增,形狀參數對 c_{θ_p} 的影響程度逐漸占優。

(3)由於 $\ln[\mu_w/(1-\alpha)] > 1$,所以隨形狀參數遞增,$E^{c_{\theta_p}}_{\xi_w}$ 遞增,而 $E^{c_{\theta_p}}_{\mu_w}$ 總是遞減的,從變動程度上講,前者遠大於後者,這表明形狀參數變動對 $E^{c_{\theta_p}}_{\xi_w}$ 的影響程度占優。隨頻數參數遞增,總有 $E^{c_{\theta_p}}_{\xi_w}$ 和 $E^{c_{\theta_p}}_{\mu_w}$ 遞減存在,在變動程度上,兩者差異不大。當形狀參數和頻數參數同時變動時,形狀參數對 $E^{c_{\theta_p}}_{\xi_w}$ 的影響程度是其中最大的,這表明形狀參數對 c_{θ_p} 靈敏度的影響程度最大。

(4)高置信度($\alpha = 99.9\%$)下,除產品線 CPBP 和 EDPM 外,其他產品線的 $E^{c_{\theta_p}}_{\mu_w}$ 都很小(近似等於0)。產品線 CPBP 和 EDPM 的 $E^{c_{\theta_p}}_{\mu_w}$ 值的異常,是由於 $E^{c_{\theta_p}}_{\mu_w}$ 隨形狀參數遞減而遞增,這兩條產品線的形狀參數極小,從而使形狀參數對 $E^{c_{\theta_p}}_{\mu_w}$ 的影響超過了置信度的影響,使 $E^{c_{\theta_p}}_{\mu_w}$ 異常大。

由上述分析可知,在高置信度($\alpha = 99.9\%$)下,形狀參數不僅是 c_{θ_p} 的關鍵影響參數,而且是 c_{θ_p} 靈敏度的關鍵影響參數;更進一步,隨形狀參數遞減,不僅 c_{θ_p} 遞增,而且 c_{θ_p} 靈敏度也遞增,即 c_{θ_p} 是以遞增速度遞增。

當 $\alpha = 99.9\%$ 時,由表 3-7 中特徵參數 ξ_w、μ_w 以及命題 3-5 可得表 3-9。

表 3-9　　　　形狀參數不確定性傳遞系數彈性及其靈敏度

損失類型	$E^{c_{\xi_w}}_{\xi_w}$	$E^{c_{\xi_w}}_{\mu_w}$	$\dfrac{\partial E^{c_{\xi_w}}_{\xi_w}}{\partial \alpha}$	$\dfrac{\partial E^{c_{\xi_w}}_{\mu_w}}{\partial \alpha}$	$\dfrac{\partial E^{c_{\xi_w}}_{\xi_w}}{\partial \xi_w}$	$\dfrac{\partial E^{c_{\xi_w}}_{\xi_w}}{\partial \mu_w}$	$\dfrac{\partial E^{c_{\xi_w}}_{\mu_w}}{\partial \xi_w}$	$\dfrac{\partial E^{c_{\xi_w}}_{\mu_w}}{\partial \mu_w}$
IF	-5.11	0.36	-271.36	-65.08	5.26	-0.53	-0.46	-0.13
DPA	-5.39	0.43	-330.32	-82.99	6.51	-0.98	-0.64	-0.25
EPWS	-5.26	0.36	-273.06	-62.53	5.73	-0.44	-0.48	-0.10
CPBP	-1.61E+6	9.52E+4	-9.52E+7	-1.18E+7	1.24E+12	-2.94E+4	-7.32E+10	-3.63E+3
EDPM	-6.39E+6	3.13E+5	-3.13E+8	-3.41E+7	1.84E+13	-3.18E+4	-9.03E+11	-3.46E+3
EF	-5.02	0.14	-102.84	-12.71	3.68	-7.28E-4	-0.13	-9.00E-5

由表 3-9 可知:

(1)因為 $\ln\dfrac{\mu_w}{1-\alpha} > \exp(-2\xi_w)$,所以 $E^{c_{\xi_w}}_{\xi_w} < 0$,表明 c_{ξ_w} 隨形狀參數遞增而遞減;因為 $\ln\dfrac{\mu_w}{1-\alpha} < e^{-\xi}$,所以 $E^{c_{\xi_w}}_{\mu_w} > 0$,表明 c_{ξ_w} 隨頻數參數遞增而遞增。

因為 $\ln\dfrac{\mu_w}{1-\alpha}\left|2\xi_w\ln(\ln\dfrac{\mu_w}{1-\alpha})+[\ln(\ln\dfrac{\mu_w}{1-\alpha})]^2\right|>\left|\xi_w+\ln(\ln\dfrac{\mu_w}{1-\alpha})\right|$，$|E_{\xi_w}^{c_{\xi_w}}|>|E_{\mu_w}^{c_{\xi_w}}|$，表明在高置信度下，形狀參數對 c_{ξ_w} 的影響程度遠大於頻數參數的影響。

（2）因為 $0<\xi_w\leq 4$，所以隨置信度遞增，$E_{\mu_w}^{c_{\xi_w}}$ 遞減，但其變動程度小於 $E_{\xi_w}^{c_{\xi_w}}$ 變動程度。因此，隨置信度遞增，形狀參數對 c_{ξ_w} 的影響程度逐漸占優。

（3）由於 $\ln[\mu_w/(1-\alpha)]>1$，所以隨形狀參數遞增，$E_{\xi_w}^{c_{\xi_w}}$ 遞增，而 $E_{\mu_w}^{c_{\xi_w}}$ 遞減，前者變動的程度遠大於後者，這表明形狀參數變動對 $E_{\xi_w}^{c_{\xi_w}}$ 的影響程度占優。因為 $0<\xi_w\leq 4$，所以隨頻數參數遞增，$E_{\xi_w}^{c_{\xi_w}}$ 遞減；總存在 $E_{\xi_w}^{c_{\xi_w}}$ 遞減；兩者變動程度差異不大。當形狀參數和頻數參數同時變動時，形狀參數對 $E_{\xi_w}^{c_{\xi_w}}$ 的影響程度是其中最大的，這表明形狀參數對 c_{ξ_w} 靈敏度的影響程度最大。

（4）高置信度（$\alpha=99.9\%$）下，除產品線 CPBP 和 EDPM 外，其他產品線的 $E_{\mu_w}^{c_{\xi_w}}$ 都很小（近似等於 0）。產品線 CPBP 和 EDPM 的 $E_{\mu_w}^{c_{\xi_w}}$ 值的異常，是由於 $E_{\mu_w}^{c_{\xi_w}}$ 隨形狀參數遞減而遞增，這兩條產品線的形狀參數極小，從而使形狀參數對 $E_{\mu_w}^{c_{\xi_w}}$ 的影響超過了置信度的影響，使 $E_{\mu_w}^{c_{\xi_w}}$ 異常大。

由上述分析可知，在高置信度（$\alpha=99.9\%$）下，形狀參數不僅是 c_{ξ_w} 的關鍵影響參數，而且是 c_{ξ_w} 靈敏度的關鍵影響參數；更進一步，隨形狀參數遞減，不僅 c_{ξ_w} 遞增，而且 c_{ξ_w} 靈敏度也遞增，即 c_{ξ_w} 是以遞增速度遞增。

當 $\alpha=99.9\%$ 時，由表 3-7 中特徵參數 ξ_w、μ_w 以及命題 3-6 可得表 3-10。

表 3-10　　頻數參數不確定性傳遞系數彈性及其靈敏度

損失類型	$E_{\xi_w}^{c_{\xi_w}}$	$E_{\mu_w}^{c_{\xi_w}}$	$\dfrac{\partial E_{\xi_w}^{c_{\xi_w}}}{\partial \alpha}$	$\dfrac{\partial E_{\mu_w}^{c_{\xi_w}}}{\partial \alpha}$	$\dfrac{\partial E_{\xi_w}^{c_{\xi_w}}}{\partial \xi_w}$	$\dfrac{\partial E_{\mu_w}^{c_{\xi_w}}}{\partial \mu_w}$	$\dfrac{\partial E_{\mu_w}^{c_{\xi_w}}}{\partial \xi_w}$	$\dfrac{\partial E_{\mu_w}^{c_{\xi_w}}}{\partial \mu_w}$
IF	4.11	−0.89	271.36	−17.81	−5.26	0.53	0.46	−0.03
DPA	4.39	−0.84	330.32	−27.23	−6.51	0.98	0.64	−0.08
EPWS	4.26	−0.88	273.06	−18.28	−5.73	0.44	0.48	−0.03
CPBP	1.61E+6	9.52E+4	9.52E+7	−1.18E+7	−1.24E+12	2.94E+4	7.32E+10	−3.63E+3
EDPM	6.39E+6	3.13E+5	3.13E+8	−3.41E+7	−1.84E+13	3.18E+4	9.03E+11	−3.46E+3
EF	4.02	−0.98	102.84	−1.56	−3.68	7.28E−04	0.13	−1.11E−5

由表 3-10 可知：

(1) 因為 $\ln \dfrac{\mu_w}{1-\alpha} \geqslant \exp(-\xi_w)$，所以 c_{μ_a} 隨形狀參數遞增而遞增；因為 $\ln \dfrac{\mu_w}{1-\alpha} > \xi_w^{-1} - 1$，所以隨頻數參數遞增而遞減。因為 $\ln \dfrac{\mu_w}{1-\alpha} \left| \xi_w + \ln(\ln \dfrac{\mu_w}{1-\alpha}) \right| > \left| \xi_w + \xi_w \ln \dfrac{\mu_w}{1-\alpha} - 1 \right|$，所以在高置信度下，形狀參數對 c_{μ_a} 的影響程度遠大於頻數參數的影響。

(2) 因為 $0 < \xi_w < 1$，所以隨置信度遞增，$E_{\mu_a}^{c_{\mu_a}}$ 遞減，但其變動程度小於 $E_{\xi_a}^{c_{\mu_a}}$ 變動程度，因此，隨置信度遞增，形狀參數對 c_{μ_a} 的影響程度逐漸占優。

(3) 因為 $\ln[\mu_w/(1-\alpha)] > 1$，所以隨形狀參數遞增，$E_{\xi_a}^{c_{\mu_a}}$ 遞減，其變動程度大於 $E_{\mu_a}^{c_{\mu_a}}$ 變動的程度。因為 $0 < \xi_w < 1$，所以 $E_{\mu_a}^{c_{\mu_a}}$ 遞減。除產品線 EF 外，在其他產品線中 $E_{\xi_a}^{c_{\mu_a}}$ 變動的程度大於 $E_{\mu_a}^{c_{\mu_a}}$ 變動的程度。當形狀參數和頻數參數同時變動時，形狀參數對 $E_{\xi_a}^{c_{\mu_a}}$ 的影響程度是其中最大的，這表明形狀參數對 c_{μ_a} 靈敏度的影響程度最大。

(4) 高置信度（$\alpha = 99.9\%$）下，除產品線 CPBP 和 EDPM 外，其他產品線的 $E_{\mu_a}^{c_{\mu_a}}$ 都很小（近似等於 0）。產品線 CPBP 和 EDPM 的 $E_{\mu_a}^{c_{\mu_a}}$ 值的異常，是由於 $E_{\mu_a}^{c_{\mu_a}}$ 隨形狀參數遞減而遞增，這兩條產品線的形狀參數極小，從而使形狀參數對 $E_{\mu_a}^{c_{\mu_a}}$ 的影響超過了置信度的影響，使 $E_{\mu_a}^{c_{\mu_a}}$ 異常大。

由上述分析可知，在高置信度（$\alpha = 99.9\%$）下，形狀參數不僅是 c_{μ_a} 的關鍵影響參數，而且是 c_{μ_a} 靈敏度的關鍵影響參數；更進一步，隨形狀參數遞減，不僅 c_{μ_a} 遞增，而且 c_{μ_a} 靈敏度也遞增，即 c_{μ_a} 是以遞增速度遞增。

3.3.3 結論

由上述示例分析可得如下結論：

第一，命題 3-4、命題 3-5 以及命題 3-6 能有效地判定出不確定性傳遞系數 c_{ξ_r}、c_μ、c_{θ_r} 變動的一般規律，從而構成操作風險度量精度變動趨勢的判定模型。根據該理論模型可判定操作風險度量精度變動的趨勢以及關鍵影響參數，從而可知操作風險度量精度變動的一般規律。

第二，針對該示例，當操作損失強度為 Weibull 分佈時，高置信度（$\alpha =$

99.9%）下，形狀參數是不確定性傳遞系數 c_{ξ_p}、c_μ、c_{θ_p} 及其靈敏度的關鍵影響參數，而且隨形狀參數遞減，不確定性傳遞系數將以遞增速度遞增。也就是說，形狀參數是操作風險度量精度的關鍵影響參數，隨形狀參數遞減，操作風險價值置信區間長度以遞增速度遞增。這意味著，在高置信度 α 下，隨形狀參數遞減，操作風險度量精度以遞增速度遞減。

3.4　本章小結

低頻高強度操作損失事件是操作風險管理的關鍵對象，也是操作風險監管資本度量主要考慮的對象。實證研究表明，在損失分佈法下，度量該類操作風險的最佳方法是極值模型。因此，本章分別在兩類極值模型下對操作風險度量精度進行了系統研究。

在損失分佈法下，操作風險是以操作風險價值為度量結果，因此，操作風險價值的置信區間長度表示操作風險度量的精度。基於此，本章分別在 BMM 類模型和 GPD 類模型中選擇典型重尾分佈，即 Weibull 分佈和 Pareto 分佈作為操作損失強度，探討操作風險度量的精度。首先，度量出操作風險價值的標準差，得到操作風險價值的置信區間；然後，通過對不確定性傳遞系數靈敏度的分析，建立判定其變動趨勢的一般模型，並以示例分析檢驗了該理論模型的有效性。在極值模型下，通過對操作風險度量精度的系統研究，可得出如下結論：

（1）操作風險度量精度靈敏度變動僅與形狀參數和頻數參數有關。通過命題（3-1）～命題（3-6）可知，引起不確定性傳遞系數靈敏度變動的參數僅為形狀參數和頻數參數，與尺度參數無關。由極值理論可知，形狀參數的大小表明了分佈尾部厚度和拖尾的長度，也即僅就操作損失強度而言，形狀參數表明了操作損失強度風險的大小。損失頻數的期望值代表損失頻數的影響。因此，通過分析形狀參數和頻數參數的變動，即可得知度量精度靈敏度的變動情況。

（2）操作風險度量精度隨置信度和分佈特徵參數變動而變動，且具有一

定規律性。由命題（3-1）～（3-6）所構成的理論模型，可對影響重尾性操作風險度量精度的關鍵參數進行判定，並預測度量精度的變動趨勢。前文的示例分析驗證了理論模型的有效性。

（3）在 Pareto 分佈和 Weibull 分佈下，示例分析表明形狀參數是影響操作風險度量精度的關鍵參數，且存在一般性規律：在 Pareto 分佈下隨形狀參數遞增（或在 Weibull 分佈下隨形狀參數遞減），操作風險價值置信區間長度以遞增速度遞增，即度量精度以遞增速度遞減。即在前文的示例分析中，形狀參數成為影響操作風險度量精度的關鍵參數。

4 重尾性操作風險關鍵管理參數

4.1 引言

在操作風險的整體管理框架中，度量模型與管理模型的整合是非常關鍵的問題。目前，操作風險度量的目的一般是為了準確計量監管資本，而用直接度量結果（監管資本）的變化情況來監測管理效果，很少將操作風險度量與管理直接聯繫起來。這使操作風險管理措施沒有針對性，管理缺乏效率。一般而言，風險度量的目的不僅在於計量監管資本，更重要的是為管理措施的制定提供依據，以實現有效降低風險的目的。但由於業界和理論界對操作風險的重視較晚，直到 2006 年底新巴塞爾協議才正式將操作風險納入監管體系，因此，操作風險管理體系仍處在不斷完善過程中，怎樣將度量與管理有機結合，在操作風險領域還是一個尚待解決的問題。

目前金融機構主要採用損失分佈法度量操作風險，在該方法下操作風險價值由操作損失強度分佈和損失頻數分佈決定。Chapelle 和 Crama 等（2008）[95]研究發現，不同的操作風險管理措施可能影響不同的損失分佈：某些管理措施（如「Dashboard」）僅影響損失頻數分佈，某些管理措施（如「Rapid reaction」）僅影響損失強度分佈，而某些管理措施（如「Audit tracking」「Business line」）對損失頻數分佈和損失強度分佈都產生影響。因此，操作風險管理本質上是對操作損失分佈的管理，即管理措施是通過影響損失強度分佈或損失頻數分佈來影響操作風險，從而達到管理目的。更進一步，這意味著，

不同管理措施所影響的分佈特徵參數不同，進而影響操作風險的程度不同，因此，操作風險管理本質上是對分佈特徵參數的管理。一般來說，影響操作風險價值程度最大的特徵參數，是首要管理對象，因此，判定出影響操作風險價值程度最大的特徵參數，對於操作風險管理具有重大意義。本章的主要任務即是對該關鍵管理參數進行探討。

欲探討影響操作風險價值的關鍵分佈特徵參數，首先須確定操作風險價值是否能夠由分佈特徵參數以解析式方式進行表達。對於該問題，如前述分析，經 Bocker 和 KlÄuppelberg（2005）[145]、Bocker 和 Sprittulla（2006）[146] 以及 Bocker（2006）[147] 系統研究已得到明確結論：當以損失分佈法度量操作風險時，操作風險價值的解析解在一般分佈情況下是不存在的，但在估計重尾性操作風險（即操作損失強度為重尾性分佈）尾部的操作風險價值時，該解析解存在。

操作風險價值存在著解析解有兩方面的意義：第一，能準確判斷哪一個參數對操作風險價值的影響程度最大，從而可確定操作風險管理對象；第二，當某一特徵參數變化後，能準確判斷操作風險價值是否變動以及怎樣變動，從而能監測管理措施的效果。

操作風險價值的解析解將操作損失分佈的特徵參數與操作風險價值直接聯繫起來，這為探討特徵參數影響操作風險價值的靈敏度提供了理論基礎。操作風險狀況不同，損失分佈特徵參數不同，影響操作風險價值的靈敏度最大的特徵參數可能不同，操作風險管理措施應針對的具體對象也不同。若能判別出影響操作風險價值的靈敏度最大的特徵參數並作為操作風險的關鍵管理參數，那麼，就可將操作風險度量融合到管理過程中，使管理措施具有針對性。這對於提高操作風險管理效率，完善操作風險管理體系具有重要意義。

操作風險對銀行的威脅主要來自低頻高強度損失事件，這是操作風險管理的主要對象。由於極值模型是度量該類操作風險尾部風險的最佳方法[55]，目前對該類風險的擬合結果也主要集中在極值模型上，因此，本章將在實證研究基礎上，分別在 BMM 類模型和 GPD 類模型中選擇典型重尾分佈，即以 Pareto 分佈模型（即第二節）和 Weibull 分佈模型（即第三節）為假設，探討操作風險的關鍵管理參數。首先，根據前述文獻，得出高置信度下操作風險價值的解

析解；然後，通過操作風險價值解析解的分析，研究操作風險價值的靈敏度，探討操作風險的關鍵管理參數，並以示例檢驗該模型的有效性。

4.2 Pareto 分佈下操作風險關鍵管理參數

4.2.1 Pareto 分佈下操作風險價值度量

假設操作損失強度為 Pareto 分佈，當以損失分佈法在高置信度 α 下度量操作風險時，根據（3-3）式，操作風險價值 [the Operational VaR, $OpVaR(\alpha)$] 的解析解如下：

$$OpVaR_{\Delta t}(\alpha)_p \cong \frac{\theta_p}{\xi_p}[(\frac{\mu}{1-\alpha})^{\xi_p} - 1] \quad \xi_p > 0, \ \theta_p > 0, \ \mu \geqslant 0$$

根據第三章分析結論，當 $\frac{\mu}{1-\alpha} > 1$，即 $(\frac{\mu}{1-\alpha})^{\xi_p} > 1$ 時，則

$$OpVaR_{\Delta t}(\alpha) > 0$$

這是商業銀行操作風險的一般狀態，以下將探討在該狀態下操作風險監控參數的判別問題。

由（3-3）式可知，在置信度 α 一定的情況下，$OpVaR(\alpha)$ 由特徵參數（ξ_p、θ_p 與 μ）決定。其中，μ 是操作損失頻數分佈的特徵參數，ξ_p 與 θ_p 是操作損失強度分佈的特徵參數。不同管理措施對損失頻數分佈和損失強度分佈的影響不同，即對特徵參數（ξ_p、θ_p 與 μ）的影響不同，進而影響 $OpVaR(\alpha)$ 的程度不同，因此，對 $OpVaR(\alpha)$ 影響程度最大的特徵參數即是操作風險的關鍵管理參數，以下將探討該參數的判別問題。

4.2.2 關鍵管理參數判別模型

為全面管理操作風險，須判別出兩方面的關鍵參數：一是判別出操作風險的關鍵影響參數，為當前管理措施的制定提供依據；二是判別出操作風險靈敏度的關鍵影響參數，從而對操作風險關鍵影響參數可能的變化進行監測和預測，表明未來管理措施可能修訂的方向。下面將通過對 $OpVaR(\alpha)$ 靈敏度的分

析，來對此進行理論探討。

由 Chavez-Demoulin V. 和 Allen L. 等人[92,93,90,94,95]分別所作的研究可知，由（3-3）式可知，在置信度 α 一定的情況下，$OpVaR(\alpha)$ 由特徵參數（ξ_p、θ_p 與 μ）決定。ξ_p、θ_p 與 μ 的大小及變化範圍差異很大，因此其變動的絕對值（$\Delta\xi_p$、$\Delta\theta_p$ 與 $\Delta\mu$）所引起的 $OpVaR(\alpha)$ 的變動 $[\Delta OpVaR(\alpha)]$ 不能充分反應特徵參數對 $OpVaR(\alpha)$ 影響的靈敏度。只有特徵參數的變動程度（$\Delta\xi_p/\xi_p$、$\Delta\theta_p/\theta_p$、$\Delta\mu/\mu$）所引起的 $OpVaR(\alpha)$ 變動程度 $[\Delta OpVaR(\alpha)/OpVaR(\alpha)]$，才能準確地表示 $OpVaR(\alpha)$ 相對於特徵參數（ξ_p、θ_p 與 μ）變動的靈敏度。根據彈性理論：彈性表示影響某一因變量的因素發生變化時，該因變量的變動程度。因此，以 $OpVaR(\alpha)$ 的特徵參數彈性來表示 $OpVaR(\alpha)$ 相對於特徵參數變動的靈敏度。

定義 4-1：$OpVaR(\alpha)$ 的 ξ_p、θ_p 與 μ 彈性分別為

$$E_{\xi_p} = \lim_{\Delta\xi_p \to 0} \frac{\Delta OpVaR(\alpha)/OpVaR(\alpha)}{\Delta\xi_p/\xi_p}$$

$$E_{\theta_p} = \lim_{\Delta\theta_p \to 0} \frac{\Delta OpVaR(\alpha)/OpVaR(\alpha)}{\Delta\theta_p/\theta_p}$$

$$E_{\mu} = \lim_{\Delta\mu \to 0} \frac{\Delta OpVaR(\alpha)/OpVaR(\alpha)}{\Delta\mu/\mu}$$

即 $OpVaR(\alpha)$ 變化的百分比與 ξ_p、θ_p 與 μ 變化的百分比的比值。

將（3-3）式代入定義 4-1，可得

$$E_{\theta_p} = 1 \tag{4-1}$$

$$E_{\xi_p} = \frac{(\frac{\mu}{1-\alpha})^{\xi_p}}{(\frac{\mu}{1-\alpha})^{\xi_p} - 1} \times \xi_p \ln\frac{\mu}{1-\alpha} - 1 \tag{4-2}$$

$$E_{\mu} = \frac{(\frac{\mu}{1-\alpha})^{\xi_p}}{(\frac{\mu}{1-\alpha})^{\xi_p} - 1} \times \xi_p \tag{4-3}$$

$E_{\theta_p} = 1$ 表明 $OpVaR(\alpha)$ 的尺度參數彈性為單位彈性，即尺度參數變動 1%，操作風險價值始終變動 1%；（4-2）~（4-3）式表明形狀參數彈性與頻數參

數彈性都與尺度參數無關，僅與特徵參數 ξ_w 與 μ 變動有關。這是由於操作風險受到損失強度和損失頻數兩方面影響：在損失強度分佈方面，形狀參數決定了該分佈尾部厚度和拖尾的長度，即決定了尾部風險大小；在損失頻數分佈方面，操作風險由損失頻數大小決定。形狀參數和頻數參數分別代表了損失強度分佈和損失頻數分佈的影響，若形狀參數為關鍵影響參數，則表明應針對損失強度分佈制定管理措施，若頻數參數為關鍵影響參數，則表明應針對損失頻數分佈制定管理措施，若這兩個參數影響操作風險的程度相同，則表明應同時針對損失強度和損失頻數制定管理措施。在高置信度下通過對影響操作風險的關鍵特徵參數進行判別，即可知操作風險管理措施所應針對的對象。基於此，以下將給出判別該關鍵參數的一般方法。

命題 4-1 在前述假定下，存在[156]：

(1) $E_{\xi_p} > 0$，當 $\alpha \to 1$ 時，$E_{\xi_p} \to +\infty$；$E_\mu > 0$，當 $\alpha \to 1$ 時，$E_\mu \to \xi_p$；

(2) 當 $\xi_p (\frac{\mu}{1-\alpha})^{\xi_p} (\ln \frac{\mu}{1-\alpha} - 1) / [(\frac{\mu}{1-\alpha})^{\xi_p} - 1] \geq 1$ 時，$E_{\xi_p} \geq E_\mu$；反之，$E_{\xi_p} < E_\mu$。

證明 首先證明 (1)。令 $t = (\frac{\mu}{1-\alpha})^{\xi_p}$，根據 (4-2) 式，有

$$E_{\xi_p} = \frac{t \ln t - t + 1}{t - 1}$$

記 $f(t) = t \ln t - t + 1$，有

$$f'(t) = \ln t$$

因 $t > 1$（前述分析結果），則

$$f'(t) > 0$$

即 $f(t)$ 單調遞增；因 $t > 1$，則

$$f(t) > 0$$

所以 $E_{\xi_p} = \frac{t \ln t - t + 1}{t - 1} > 0$ 成立。

再根據 (4-2) 式可知

$$\lim_{\alpha \to 1} E_{\xi_p} = \lim_{\alpha \to 1} [\frac{(\frac{\mu}{1-\alpha})^{\xi_p}}{(\frac{\mu}{1-\alpha})^{\xi_p} - 1} \times \ln (\frac{\mu}{1-\alpha})^{\xi_p} - 1] = +\infty$$

即當 $\alpha \to 1$ 時，$E_{\xi_p} \to +\infty$ 成立。

根據 (4-3) 式，因 $(\dfrac{\mu}{1-\alpha})^{\xi_p} > 1$ 且 $\xi_p > 0$，所以 $E_\mu > 0$ 成立。

再根據 (4-3) 式可知

$$\lim_{\alpha \to 1} E_\mu = \lim_{\alpha \to 1} \dfrac{\xi_p (\dfrac{\mu}{1-\alpha})^{\xi_p}}{(\dfrac{\mu}{1-\alpha})^{\xi_p} - 1} = \xi_p$$

即當 $\alpha \to 1$ 時，$E_\mu \to \xi_p$ 成立。

對於 (2)，由

$$E_{\xi_p} - E_\mu = \dfrac{\xi_p (\dfrac{\mu}{1-\alpha})^{\xi_p} (\ln \dfrac{\mu}{1-\alpha} - 1)}{(\dfrac{\mu}{1-\alpha})^{\xi_p} - 1} - 1$$

知：當 $\dfrac{\xi_p (\dfrac{\mu}{1-\alpha})^{\xi_p} (\ln \dfrac{\mu}{1-\alpha} - 1)}{(\dfrac{\mu}{1-\alpha})^{\xi_p} - 1} \geq 1$ 時，$E_{\xi_p} \geq E_\mu$ 成立；反之，$E_{\xi_p} < E_\mu$ 成立。

由命題4-1可知，操作風險的增大可能有兩方面原因：其一是形狀參數增大，即損失強度分佈的尾部厚度增加，拖尾變長；其二是頻數參數增大，即儘管每次損失強度不大，但損失頻數很大，也會導致操作風險增大。進一步研究可知，兩個參數的影響程度有一大致範圍：當置信度 α 趨近於1時，形狀參數對操作風險的影響程度可能變得非常大（趨於無窮大），這也意味著形狀參數的影響程度不確定，沒有上限值，而頻數參數的影響程度趨於一個確定的常數值，即其影響程度趨向於形狀參數值。這表明在高置信度下儘管頻數參數的影響程度趨於確定值，但因形狀參數的影響程度不確定，使得兩者間相對大小不確定。

進一步比較這兩個參數影響程度的差異後發現，存在某一邊界，即當判別式

$$\dfrac{\xi_p (\dfrac{\mu}{1-\alpha})^{\xi_p} (\ln \dfrac{\mu}{1-\alpha} - 1)}{(\dfrac{\mu}{1-\alpha})^{\xi_p} - 1} = 1$$

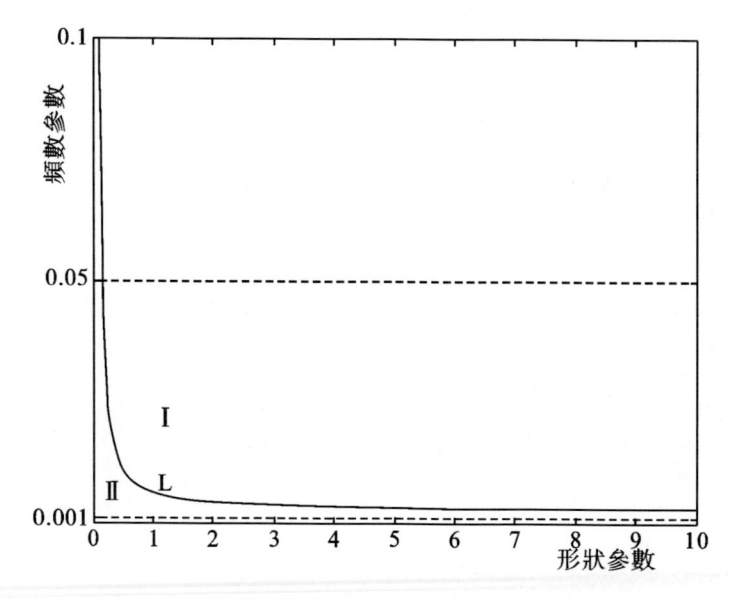

时，存在边界 $E_{\xi_p} = E_\mu$，令判别式等于 1。当 α 一定时，判别式值仅由形状参数和频数参数决定，即 E_{ξ_p} 与 E_μ 间的差异程度由形状参数和频数参数决定。当 α = 99.9% 时，可得当判别式等于 1 时的边界曲线 L，即在边界上形状参数和频数参数间的变化趋势如图 4-1。

图 4-1　形状参数弹性和频数参数弹性相对大小比较

因为 $\mu/(1-\alpha) > 1$ 是模型成立的前提条件，所以 $\mu > 0.001$ 为模型的有效区域，如图 4-1 所示，以下讨论也是在模型的有效区域内讨论。在区域 I 中，判别式大于 1，形状参数对操作风险的影响程度占优，此时损失强度为操作风险的关键管理对象。在区域 II 中，判别式小于 1，频数参数对操作风险的影响程度占优，频数参数为关键影响参数，损失频数为关键管理对象。

因此，由命题 4-1 可对操作风险的关键影响参数进行判别，为监管措施的制定提供依据，同时监测操作风险的变动趋势，检验操作风险监管措施的有效性，并为下一步监管措施的制定提供依据。

由（4-2）~（4-3）式可知，操作风险灵敏度随置信度及形状参数和频数参数的变化而变化，这使形状参数和频数参数对操作风险的影响程度的相对大小发生变动，从而使操作风险的关键影响参数发生变化。为此有以下命题判别操作风险灵敏度的关键影响参数，预测和监测操作风险的关键影响参数的变

動趨勢。

命題 4-2 在前述假定下,操作風險靈敏度有如下變動規律[156]:

(1) 置信度的影響:$\frac{\partial E_{\xi_p}}{\partial \alpha} > 0$,$\frac{\partial E_\mu}{\partial \alpha} < 0$;當 $\frac{1}{\xi_p}[(\frac{\mu}{1-\alpha})^{\xi_p} - \ln(\frac{\mu}{1-\alpha})^{\xi_p} - 1] \geq 1$ 時,$\frac{\partial E_{\xi_p}}{\partial \alpha} \geq |\frac{\partial E_\mu}{\partial \alpha}|$,反之,$\frac{\partial E_{\xi_p}}{\partial \alpha} < |\frac{\partial E_\mu}{\partial \alpha}|$。

(2) 特徵參數的影響:

① 隨 ξ_p、μ 變動,操作風險靈敏度的變動方向:$\frac{\partial E_{\xi_p}}{\partial \xi_p} > 0$,$\frac{\partial E_\mu}{\partial \xi_p} > 0$,$\frac{\partial E_{\xi_p}}{\partial \mu} > 0$,$\frac{\partial E_\mu}{\partial \mu} < 0$。

② 操作風險靈敏度關鍵影響參數判別:

當 $\frac{1}{\xi_p}\ln(\frac{\mu}{1-\alpha})^\mu \geq 1$ 時,$\frac{\partial E_{\xi_p}}{\partial \xi_p} \geq \frac{\partial E_{\xi_p}}{\partial \mu}$;反之,$\frac{\partial E_{\xi_p}}{\partial \xi_p} < \frac{\partial E_{\xi_p}}{\partial \mu}$;

當 $\frac{\mu}{\xi_p^2}[(\frac{\mu}{1-\alpha})^{\xi_p} - \ln(\frac{\mu}{1-\alpha})^{\xi_p} - 1] \geq 1$ 時,$\frac{\partial E_\mu}{\partial \xi_p} \geq |\frac{\partial E_\mu}{\partial \mu}|$;反之,$\frac{\partial E_\mu}{\partial \xi_p} < |\frac{\partial E_\mu}{\partial \mu}|$;

當 $\ln\frac{\mu}{1-\alpha} \geq 1$ 時,$\frac{\partial E_{\xi_p}}{\partial \xi_p} \geq \frac{\partial E_\mu}{\partial \xi_p}$;反之,$\frac{\partial E_{\xi_p}}{\partial \xi_p} < \frac{\partial E_\mu}{\partial \xi_p}$;

當 $[(\frac{\mu}{1-\alpha})^{\xi_p} - \ln(\frac{\mu}{1-\alpha})^{\xi_p} - 1]/\xi_p \geq 1$ 時,$\frac{\partial E_{\xi_p}}{\partial \mu} \geq |\frac{\partial E_\mu}{\partial \mu}|$;反之,$\frac{\partial E_{\xi_p}}{\partial \mu} < |\frac{\partial E_\mu}{\partial \mu}|$。

證明 首先證明 (1)。根據 (4-2) 式可得

$$\frac{\partial E_{\xi_p}}{\partial \alpha} = \frac{\xi_p(\frac{\mu}{1-\alpha})^{\xi_p}}{[(\frac{\mu}{1-\alpha})^{\xi_p} - 1]^2(1-\alpha)} \times [(\frac{\mu}{1-\alpha})^{\xi_p} - \ln(\frac{\mu}{1-\alpha})^{\xi_p} - 1] \quad (4-4)$$

令 $t = (\frac{\mu}{1-\alpha})^{\xi_p}$,記

$$h(t) = \left(\frac{\mu}{1-\alpha}\right)^{\xi_p} - \ln\left(\frac{\mu}{1-\alpha}\right)^{\xi_p} - 1 = t - \ln t - 1$$

因為 $t > 1$，則

$$h'(t) = 1 - \frac{1}{t} > 0$$

即 $h(t)$ 為單調遞增函數；因 $t > 1$，則

$$h(t) > 0$$

又因 $\xi_p \left(\frac{\mu}{1-\alpha}\right)^{\xi_p} > 0$ 且 $\left[\left(\frac{\mu}{1-\alpha}\right)^{\xi_p} - 1\right]^2 (1-\alpha) > 0$，所以 $\frac{\partial E_{\xi_p}}{\partial \alpha} > 0$ 成立。

由 (4-3) 式可得

$$\frac{\partial E_\mu}{\partial \alpha} = -\frac{\xi^2 \left(\frac{\mu}{1-\alpha}\right)^{\xi_p}}{\left[\left(\frac{\mu}{1-\alpha}\right)^{\xi_p} - 1\right]^2 (1-\alpha)} \tag{4-5}$$

因 $\xi_p^2 \left(\frac{\mu}{1-\alpha}\right)^{\xi_p} > 0$ 且 $\left[\left(\frac{\mu}{1-\alpha}\right)^{\xi_p} - 1\right]^2 (1-\alpha) > 0$，所以 $\frac{\partial E_\mu}{\partial \alpha} < 0$ 成立。

進一步，由

$$\frac{\frac{\partial E_{\xi_p}}{\partial \alpha}}{\left|\frac{\partial E_\mu}{\partial \alpha}\right|} = \frac{1}{\xi_p}\left[\left(\frac{\mu}{1-\alpha}\right)^{\xi_p} - \ln\left(\frac{\mu}{1-\alpha}\right)^{\xi_p} - 1\right]$$

可知：當 $\frac{1}{\xi_p}\left[\left(\frac{\mu}{1-\alpha}\right)^{\xi_p} - \ln\left(\frac{\mu}{1-\alpha}\right)^{\xi_p} - 1\right] \geqslant 1$ 時，$\frac{\partial E_{\xi_p}}{\partial \alpha} \geqslant \left|\frac{\partial E_\mu}{\partial \alpha}\right|$ 成立；反之，$\frac{\partial E_{\xi_p}}{\partial \alpha} < \left|\frac{\partial E_\mu}{\partial \alpha}\right|$ 成立。

對於（2）-①，隨 ξ_p、μ 變動，操作風險靈敏度的變動方向：

由 (4-2) 式可得

$$\frac{\partial E_{\xi_p}}{\partial \xi_p} = \frac{\left(\frac{\mu}{1-\alpha}\right)^{\xi_p} \ln\frac{\mu}{1-\alpha}}{\left[\left(\frac{\mu}{1-\alpha}\right)^{\xi_p} - 1\right]^2} \times \left[\left(\frac{\mu}{1-\alpha}\right)^{\xi_p} - \ln\left(\frac{\mu}{1-\alpha}\right)^{\xi_p} - 1\right] \tag{4-6}$$

$$\frac{\partial E_{\xi_p}}{\partial \mu} = \frac{\xi_p \left(\frac{\mu}{1-\alpha}\right)^{\xi_p}}{\mu \left[\left(\frac{\mu}{1-\alpha}\right)^{\xi_p} - 1\right]^2} \times \left[\left(\frac{\mu}{1-\alpha}\right)^{\xi_p} - \ln\left(\frac{\mu}{1-\alpha}\right)^{\xi_p} - 1\right] \quad (4-7)$$

由前述分析已知

$$\left(\frac{\mu}{1-\alpha}\right)^{\xi_p} - \ln\left(\frac{\mu}{1-\alpha}\right)^{\xi_p} - 1 > 0$$

又因 $\left(\frac{\mu}{1-\alpha}\right)^{\xi_p} \ln\frac{\mu}{1-\alpha} > 0$ 且 $\left[\left(\frac{\mu}{1-\alpha}\right)^{\xi_p} - 1\right]^2 > 0$，所以 $\frac{\partial E_{\xi_p}}{\partial \xi_p} > 0$ 成立。

同理可證 $\frac{\partial E_{\xi_p}}{\partial \mu} > 0$ 成立。

由（4-3）式有

$$\frac{\partial E_\mu}{\partial \xi_p} = \frac{\left(\frac{\mu}{1-\alpha}\right)^{\xi_p}}{\left[\left(\frac{\mu}{1-\alpha}\right)^{\xi_p} - 1\right]^2} \times \left[\left(\frac{\mu}{1-\alpha}\right)^{\xi_p} - \ln\left(\frac{\mu}{1-\alpha}\right)^{\xi_p} - 1\right] \quad (4-8)$$

$$\frac{\partial E_\mu}{\partial \mu} = -\frac{\xi_p^2 \left(\frac{\mu}{1-\alpha}\right)^{\xi_p}}{\mu \left[\left(\frac{\mu}{1-\alpha}\right)^{\xi_p} - 1\right]^2} \quad (4-9)$$

前述分析已知

$$\left(\frac{\mu}{1-\alpha}\right)^{\xi_p} - \ln\left(\frac{\mu}{1-\alpha}\right)^{\xi_p} - 1 > 0$$

又因 $\left(\frac{\mu}{1-\alpha}\right)^{\xi_p} > 1$ 且 $\left[\left(\frac{\mu}{1-\alpha}\right)^{\xi_p} - 1\right]^2 > 0$，所以 $\frac{\partial E_\mu}{\partial \xi_p} > 0$ 成立。

因 $\xi_p^2 \left(\frac{\mu}{1-\alpha}\right)^{\xi_p} > 0$ 且 $\mu\left[\left(\frac{\mu}{1-\alpha}\right)^{\xi_p} - 1\right]^2 > 0$，所以 $\frac{\partial E_\mu}{\partial \mu} < 0$ 成立。

對於（2）-②，操作風險靈敏度關鍵影響參數判別：

由 $\dfrac{\dfrac{\partial E_{\xi_p}}{\partial \xi_p}}{\dfrac{\partial E_{\xi_p}}{\partial \mu}} = \dfrac{1}{\xi_p}\ln\left(\dfrac{\mu}{1-\alpha}\right)^\mu$ 知：當 $\dfrac{1}{\xi_p}\ln\left(\dfrac{\mu}{1-\alpha}\right)^\mu \geqslant 1$ 時，$\dfrac{\partial E_{\xi_p}}{\partial \xi_p} \geqslant \dfrac{\partial E_{\xi_p}}{\partial \mu}$ 成立；反

之，$\frac{\partial E_{\xi_p}}{\partial \xi_p} < \frac{\partial E_{\xi_p}}{\partial \mu}$ 成立。

由 $\frac{\frac{\partial E_\mu}{\partial \xi_p}}{\left|\frac{\partial E_\mu}{\partial \mu}\right|} = \frac{\mu}{\xi_p^2}[(\frac{\mu}{1-\alpha})^{\xi_p} - \ln(\frac{\mu}{1-\alpha})^{\xi_p} - 1]$ 知：當 $\frac{\mu}{\xi_p^2}[(\frac{\mu}{1-\alpha})^{\xi_p} - \ln$

$(\frac{\mu}{1-\alpha})^{\xi_p} - 1] \geqslant 1$ 時，$\frac{\partial E_\mu}{\partial \xi_p} \geqslant \left|\frac{\partial E_\mu}{\partial \mu}\right|$；反之，$\frac{\partial E_\mu}{\partial \xi_p} < \left|\frac{\partial E_\mu}{\partial \mu}\right|$ 成立。

由 $\frac{\frac{\partial E_{\xi_p}}{\partial \xi_p}}{\frac{\partial E_\mu}{\partial \xi_p}} = \ln\frac{\mu}{1-\alpha}$ 知，當 $\ln\frac{\mu}{1-\alpha} \geqslant 1$ 時，$\frac{\partial E_{\xi_p}}{\partial \xi_p} \geqslant \frac{\partial E_\mu}{\partial \xi_p}$；反之，$\frac{\partial E_{\xi_p}}{\partial \xi_p} < \frac{\partial E_\mu}{\partial \xi_p}$。

由 $\frac{\frac{\partial E_{\xi_p}}{\partial \mu}}{\frac{\partial E_\mu}{\partial \mu}} = \frac{1}{\xi_p}[(\frac{\mu}{1-\alpha})^{\xi_p} - \ln(\frac{\mu}{1-\alpha})^{\xi_p} - 1]$ 知，當 $[(\frac{\mu}{1-\alpha})^{\xi_p} - \ln(\frac{\mu}{1-\alpha})^{\xi_p}$

$- 1]/\xi_p \geqslant 1$ 時，$\frac{\partial E_{\xi_p}}{\partial \mu} \geqslant \left|\frac{\partial E_\mu}{\partial \mu}\right|$；反之，$\frac{\partial E_{\xi_p}}{\partial \mu} < \left|\frac{\partial E_\mu}{\partial \mu}\right|$。

命題 4-2 表明操作風險靈敏度的變動來自兩方面的影響：一是置信度的影響，置信度變化使操作風險相對於兩參數的靈敏度變動方向相反，置信度越大，形狀參數對操作風險的影響程度越大，頻數參數的影響程度越小；二是特徵參數的影響，頻數參數變化使操作風險相對於兩參數的靈敏度變動方向相反，而形狀參數變化使操作風險相對於兩參數的靈敏度變動方向相同。進一步，在置信度不變的條件下，由四個判別式可判別出操作風險靈敏度的關鍵影響參數，預測操作風險相對於兩參數靈敏度的相對變動趨勢，以此可對操作風險關鍵影響參數的變動趨勢進行預測和監測。

因此，命題 4-1 和命題 4-2 構成一個完整的操作風險管理參數判別模型，不僅可判別操作風險的關鍵影響參數，而且可對該關鍵影響參數的變動趨勢進行監測，從而為操作風險監管措施的制定或修訂提供可靠依據。

4.2.3 示例分析

上述理論模型僅在一定條件下成立，應用時須檢驗操作風險狀況是否符合

該條件。首先，操作損失強度須為重尾性分佈，當以廣義 Pareto 分佈對損失強度進行擬合時，如果為 Pareto II 型（即 Pareto 分佈），即為重尾性分佈，符合上述理論成立條件之一；否則，不適用上述模型。其次，求得損失強度和損失頻數的特徵參數值，在高置信度下，判斷 $[\mu/(1-\alpha)]^{\xi_p} > 1$ 是否成立，若成立，則適用上述模型，否則不適用。

由於操作損失數據的機密性，目前沒有公開的操作損失專業數據庫可供研究。即使有某些文獻以內部數據進行實證研究，也對數據進行了某種處理，以免洩密。2002 年，巴塞爾委員會進行了一次操作損失數據收集[157]，儘管沒有發布原始的操作損失詳細分類數據，但 Marco Moscadelli（2004）[90]對此次收集的操作損失的詳細分類數據進行分佈擬合研究表明，當置信度大於 96% 時，Pareto 分佈是操作損失強度的最優擬合分佈，並估計出該分佈下的特徵參數值（如表 4-1 所示）。由於巴塞爾委員會內部銀行操作風險狀況具有一定相似性，如果將它們看成一個整體，那麼以此操作風險數據檢驗上述模型具有可行性。而且，目前為止，這是公開發表的唯一真實操作風險數據，以此檢驗上述模型將具有很強的現實意義。

Marco Moscadelli（2004）[90]研究表明該操作風險的損失強度（Pareto 分佈）為重尾性分佈，且由操作損失強度和損失頻數分佈特徵參數可知：

當 $\alpha = 99.9\%$ 時，$(\frac{\mu}{1-\alpha})^{\xi_p} > 1$ 成立（如表 4-1 所示）

因此，符合上述模型的應用條件，即可使用該模型判別該操作風險的監控參數。以下將在 $\alpha = 99.9\%$ 下分別對命題 4-1 和命題 4-2 進行檢驗。

首先檢驗命題 4-1。由操作損失分佈特徵參數和命題 4-1 可得表 4-1。

表 4-1　操作風險價值的特徵參數彈性及其相對大小判別式計算表

業務線	μ	θ_p	ξ_p	$(\frac{\mu}{1-\alpha})^{\xi_p}$	E_{ξ_p}	E_μ	$\dfrac{\xi_p(\frac{\mu}{1-\alpha})^{\xi_p}(\ln\frac{\mu}{1-\alpha}-1)}{(\frac{\mu}{1-\alpha})^{\xi_p}-1}$
BL$_1$	1.80	774	1.19	7,477.81	7,920.9	1,190.2	7.731
BL$_2$	7.40	254	1.17	33,651.24	9,424.1	1,170.0	9.254
BL$_3$	13.00	233	1.01	14,291.66	8,568.1	1,010.1	8.558

表4-1(續)

業務線	μ	θ_p	ξ_p	$(\frac{\mu}{1-\alpha})^{\xi_p}$	E_{ξ_p}	E_μ	$\dfrac{\xi_p(\frac{\mu}{1-\alpha})^{\xi_p}(\ln\frac{\mu}{1-\alpha}-1)}{(\frac{\mu}{1-\alpha})^{\xi_p}-1}$
BL_4	4.70	412	1.39	127,120.63	10.753,0	1.390,0	10.363
BL_5	3.92	107	1.23	26,312.43	9.178,2	1.230,0	8.947
BL_6	4.29	243	1.22	26,981.64	9.203,3	1.220,0	8.985
BL_7	2.60	314	0.85	799.33	5.692,1	0.851,1	5.841
BL_8	8.00	124	0.98	6,683.87	7.808,8	0.980,1	7.829

註：業務線 BL_1-BL_8 的分類標準出自新巴塞爾協議

由表4-1可知：

$$E_{\xi_p}>0,\ E_\mu>0$$

表明操作風險隨形狀參數或頻數參數遞增而遞增；$E_\mu\cong\xi_p$，因 $\alpha=99.9\%$，α 趨於1，因此頻數參數對操作風險的影響程度很接近於一個確定值（形狀參數）。

因業務線 BL_1-BL_8 都滿足

$$\xi_p(\frac{\mu}{1-\alpha})^{\xi_p}(\ln\frac{\mu}{1-\alpha}-1)/[(\frac{\mu}{1-\alpha})^{\xi_p}-1]\geq 1$$

所以，$E_{\xi_p}>E_\mu$ 成立。這表明形狀參數對操作風險的影響程度大於頻數參數，且根據判別式大小可知兩參數影響程度的差異。其中，BL_7 的判別式最小為5.841，即在該業務線兩參數影響程度的差異最小；BL_4 的判別式最大為10.363，即在該業務線兩參數影響程度的差異最大。因此，形狀參數是操作風險的關鍵監控參數，操作風險監管的主要對象是操作損失強度，因而應修訂並加強快速反應（rapid reaction）、業務線持續計劃（business continuity）等管理措施[95]。但因在不同業務線中形狀參數的影響程度存在差異，所以監管措施的力度應根據該差異而有所不同，即對於影響程度大的業務線，其監管措施的力度要相應加大；反之，監管措施的力度應小一些。

其次，檢驗命題4-2。由操作損失分佈特徵參數和命題4-2可得表4-2。

表 4-2　　E_{ξ_p} 和 E_μ 隨 α、ξ_p、μ 變動而變動的敏感度

業務線	$\dfrac{\partial E_{\xi_p}}{\partial \alpha}$	$\dfrac{\partial E_\mu}{\partial \alpha}$	$\dfrac{\partial E_{\xi_p}}{\partial \xi_p}$	$\dfrac{\partial E_{\xi_p}}{\partial \mu}$	$\dfrac{\partial E_\mu}{\partial \xi_p}$	$\dfrac{\partial E_\mu}{\partial \mu}$
BL_1	1,188.966,0	-0.189,4	7.489,0	0.660,5	0.999,1	-0.000,1
BL_2	1,169.725,0	-0.040,7	8.907,1	0.158,1	0.999,8	0.000,0
BL_3	1,009.401,1	-0.071,4	9.467,1	0.077,6	0.999,4	0.000,0
BL_4	1,389.918,5	-0.015,2	8.454,8	0.295,7	0.999,9	0.000,0
BL_5	1,229.659,9	-0.057,5	8.271,6	0.313,7	0.999,7	0.000,0
BL_6	1,219.667,0	-0.055,2	8.361,8	0.284,3	0.999,7	0.000,0
BL_7	842.682,1	-0.906,1	7.795,6	0.324,1	0.991,4	-0.000,3
BL_8	978.828,5	-0.143,7	8.976,5	0.122,4	0.998,8	0.000,0

由表 4-2 可知：

（1）置信度 α 變動對操作風險價值靈敏度的影響程度：

$$\frac{\partial E_{\xi_p}}{\partial \alpha} > 0,\quad \frac{\partial E_\mu}{\partial \alpha} < 0$$

這表明置信度的變化使操作風險相對於兩參數的靈敏度發生相反變動，置信度越大，形狀參數對操作風險的影響越大，而頻數參數的影響越小。

（2）形狀參數變動對操作風險價值靈敏度的影響程度：

$$\frac{\partial E_\mu}{\partial \xi_p} > 0,\quad \frac{\partial E_{\xi_p}}{\partial \xi_p} > 0$$

這表明操作風險靈敏度隨形狀參數遞增而遞增。

（3）形狀參數變動對操作風險價值靈敏度的影響程度：

$$\frac{\partial E_{\xi_p}}{\partial \mu} > 0,\quad \frac{\partial E_\mu}{\partial \mu} \leq 0$$

這表明頻數參數的變化使操作風險相對於兩參數的靈敏度發生相反變動，頻數參數的增大使 E_{ξ_p} 增大，而對 E_μ 影響很小（幾乎為零）。

以上分析了當置信度和分佈特徵參數變動時操作風險價值靈敏度變動的方向。其實，在置信度 α 不變條件下，形狀參數和頻數參數對操作風險靈敏度的影響程度不同。該差異可進一步由命題 4-2 中的四個判別式來進行判斷，四個判別式的計算結果如表 4-3 所示。

表 4-3　　操作風險靈敏度變動程度比較的判別式計算表

業務線	$\dfrac{1}{\xi_p}\ln\left(\dfrac{\mu}{1-\alpha}\right)^{\mu}$	$\dfrac{\mu}{\xi_p^2}\left[\left(\dfrac{\mu}{1-\alpha}\right)^{\xi_p}-\ln\left(\dfrac{\mu}{1-\alpha}\right)^{\xi_p}-1\right]$	$\ln\dfrac{\mu}{1-\alpha}$	$\left[\left(\dfrac{\mu}{1-\alpha}\right)^{\xi_p}-\ln\left(\dfrac{\mu}{1-\alpha}\right)^{\xi_p}-1\right]/\xi_p$
BL_1	11.337,8	9.49E+03	7.495,5	6.28E+03
BL_2	56.349	1.82E+05	8.909,2	2.88E+04
BL_3	121.925,9	1.82E+05	9.472,7	1.41E+04
BL_4	28.589,9	3.09E+05	8.455,3	9.14E+04
BL_5	26.368,7	6.81E+04	8.274,6	2.14E+04
BL_6	29.411,3	7.78E+04	8.363,0	2.21E+04
BL_7	24.052,3	2.85E+03	7.863,3	9.31E+02
BL_8	73.364,9	5.56E+04	8.987,2	6.81E+03

當 $\alpha = 99.9\%$ 時，由表 4-3 可判別操作風險價值靈敏度的關鍵影響參數，判別過程如下：

（1）當形狀參數和頻數參數都同時變動時，E_{ξ_p} 的變動程度。因為

$$\frac{1}{\xi_p}\ln\left(\frac{\mu}{1-\alpha}\right)^{\mu} > 1$$

所以

$$\frac{\partial E_{\xi_p}}{\partial \xi_p} > \frac{\partial E_{\xi_p}}{\partial \mu}$$

這表明對於操作風險相對於形狀參數的靈敏度，形狀參數的影響程度要大於頻數參數的影響程度，且根據判別式的大小可知兩參數影響程度的差異。其中：BL_1 的判別式最小為 11.337,8，即在該業務線中兩參數影響程度的差異最小；BL_3 的判別式最大為 121.925,9，即在該業務線中兩參數影響程度的差異最大。因此，形狀參數是主要影響參數，但在不同業務線中影響程度存在差異。

（2）當形狀參數和頻數參數都同時變動時，E_{μ} 的變動程度。因為

$$\frac{\mu}{\xi_p^2}\left[\left(\frac{\mu}{1-\alpha}\right)^{\xi_p}-\ln\left(\frac{\mu}{1-\alpha}\right)^{\xi_p}-1\right] > 1$$

所以

$$\frac{\partial E_{\mu}}{\partial \xi_p} > \left|\frac{\partial E_{\mu}}{\partial \mu}\right|$$

這表明對於操作風險相對於頻數參數的靈敏度，形狀參數的影響程度遠大於頻數參數的影響程度，且根據判別式的大小可知兩參數影響程度的差異。其中：BL7 的判別式最小為 2.85E+03，即在該業務線中兩參數影響程度的差異最小；BL4 的判別式最大為 3.09E+05，即在該業務線中兩參數影響程度的差異最大。因此，形狀參數是主要影響參數，但在不同業務線中影響程度存在差異。

上述分析表明形狀參數為 E_{ξ_p} 和 E_μ 的主要影響參數，是操作風險靈敏度的關鍵影響參數，但是，其影響程度不同。因為

$$\ln \frac{\mu}{1-\alpha} > 1$$

所以

$$\frac{\partial E_{\xi_p}}{\partial \xi_p} > \frac{\partial E_\mu}{\partial \xi_p}$$

這表明形狀參數對 E_{ξ_p} 的影響程度大於對 E_μ 的影響程度，且根據判別式大小可知其影響程度差異。其中：BL$_1$ 的判別式最小為 7.495,5，即在該業務線中的差異最小；BL$_3$ 的判別式最大為 9.472,7，即在該業務線中的差異最大。因此，形狀參數主要是通過影響 E_{ξ_p} 而對操作風險靈敏度產生影響。

4.2.4 結論

上述示例分析表明，在 Pareto 分佈下操作風險關鍵管理參數判別模型，能有效地判別出操作風險的關鍵管理參數，並能有效地預測操作風險變動趨勢和一般規律。即根據命題 4-1 和命題 4-2，示例分析有效地判別出：

第一，因為 $\xi_p (\frac{\mu}{1-\alpha})^{\xi_p} (\ln \frac{\mu}{1-\alpha} - 1) / [(\frac{\mu}{1-\alpha})^{\xi_p} - 1]$ 遠大於 1，所以形狀參數是操作風險價值的關鍵影響參數。

第二，因為總存在 $E_{\xi_p} > 0$，所以隨形狀參數遞增，操作風險價值遞增，操作風險越大。

第三，因為由命題 4-2 可知，總存在

$$\frac{\partial E_{\xi_p}}{\partial \xi_p} > 0, \frac{\partial E_\mu}{\partial \xi_p} > 0$$

所以隨形狀參數遞增，操作風險變動靈敏度呈現遞增趨勢。

因此，針對上述示例，隨形狀參數遞增，操作風險價值遞增，且遞增速度不斷增加，也即操作風險相對於形狀參數的變化將變得越來越敏感，形狀參數成為管理操作風險的關鍵參數。

4.3 Weibull 分佈下操作風險關鍵管理參數

4.3.1 Weibull 分佈下操作風險價值度量

根據前述文獻對操作損失強度的擬合結果，假設操作損失強度為 Weibull 分佈：

$$F_w(x) = 1 - \exp\left[-\left(\frac{x}{\theta_w}\right)^{\xi_w}\right], x > 0, \xi_w > 0, \theta_w > 0 \quad (4\text{-}10)$$

式中，x 表示操作損失強度；θ_w 表示 Weibull 分佈尺度參數；ξ_w 表示 Weibull 分佈形狀參數。

將（4-10）式代入（3-1）式，得如下公式[141]：

$$OpVaR_{\Delta t}(\alpha)_w \cong \theta_w \left(\ln\frac{\mu}{1-\alpha}\right)^{\frac{1}{\xi_w}}, \xi_w > 0, \theta_w > 0, \mu \geq 0 \quad (4\text{-}11)$$

因 $\frac{\mu}{1-\alpha} \geq 1$，則 $\ln\frac{\mu}{1-\alpha} \geq 0$，所以 $\left(\ln\frac{\mu}{1-\alpha}\right)^{\frac{1}{\xi_w}} \geq 0$，$OpVaR_{\Delta t}(\alpha)_w \geq 0$，即（4-11）式有意義。

當 $\mu/(1-\alpha) = 1$ 時，則 $OpVaR_{\Delta t}(\alpha)_w = 0$，即不存在操作風險。如果金融機構停止業務活動，那麼，將不存在操作風險。

當 $\mu/(1-\alpha) > 1$ 時，則 $OpVaR_{\Delta t}(\alpha)_w > 0$，這是商業銀行操作風險的一般狀態，以下將探討在該狀態下操作風險關鍵管理參數的判別問題。

由（4-11）式可知，在置信度 α 一定的情況下，$OpVaR(\alpha)$ 由特徵參數（θ_w、ξ_w、μ）決定。其中，μ 是損失頻數分佈的特徵參數，θ_w 和 ξ_w 是損失強度分佈的特徵參數。不同管理措施對損失頻數分佈和損失強度分佈的影響不同[95]，即對特徵參數（θ_w、ξ_w、μ）的影響不同，進而影響 $OpVaR(\alpha)$ 的程度不同。因此，對 $OpVaR(\alpha)$ 影響程度最大的特徵參數，即是操作風險的關鍵管理參數。

以下將探討該參數的判別問題。

4.3.2 關鍵管理參數判別模型

為全面管理操作風險，須判別出兩方面的關鍵參數：一是判別出操作風險的關鍵影響參數，為當前管理措施的制定提供依據；二是判別出操作風險靈敏度的關鍵影響參數，從而對操作風險關鍵影響參數可能的變化進行監測和預測，表明未來管理措施可能修訂的方向。下面將通過對 $OpVaR(\alpha)$ 靈敏度的分析，來對此進行理論探討。

由於特徵參數（θ_w、ξ_w、μ）大小及變化範圍差異很大[94]，其變動絕對值（$\Delta\theta_w$、$\Delta\xi_w$、$\Delta\mu$）引起 $OpVaR(\alpha)$ 的變動 [$\Delta OpVaR(\alpha)$] 不能充分反應特徵參數影響 $OpVaR(\alpha)$ 的靈敏度。只有特徵參數變動的程度（$\Delta\xi_w/\xi_w$、$\Delta\theta_w/\theta_w$、$\Delta\mu/\mu$）引起 $OpVaR(\alpha)$ 變動的程度 [$\Delta OpVaR(\alpha)/OpVaR(\alpha)$]，才能準確表示 $OpVaR(\alpha)$ 相對於特徵參數（θ_w、ξ_w、μ）變動的靈敏度。根據彈性理論：因變量變動百分比與其某一自變量變動百分比的比值，為因變量相對於該自變量的彈性。因此，可以以 $OpVaR(\alpha)$ 的特徵參數彈性來表示 $OpVaR(\alpha)$ 相對於特徵參數變動的靈敏度。

定義 4-2 $OpVaR(\alpha)$ 相對於 θ_w、ξ_w、μ 的彈性分別為

$$E_{\xi_w} = \lim_{\Delta\xi_w \to 0} \frac{\Delta OpVaR(\alpha)/OpVaR(\alpha)}{\Delta\xi_w/\xi_w}$$

$$E_{\theta_w} = \lim_{\Delta\theta_w \to 0} \frac{\Delta OpVaR(\alpha)/OpVaR(\alpha)}{\Delta\theta_w/\theta_w}$$

$$E_{\mu} = \lim_{\Delta\mu \to 0} \frac{\Delta OpVaR(\alpha)/OpVaR(\alpha)}{\Delta\mu/\mu}$$

將（4-11）式代入定義 4-2，可得

$$E_{\theta_w} = 1 \tag{4-12}$$

$$E_{\xi_w} = -\ln\left(\ln\frac{\mu}{1-\alpha}\right)^{\xi_w^{-1}} \tag{4-13}$$

$$E_{\mu} = \left(\xi_w \ln\frac{\mu}{1-\alpha}\right)^{-1} \tag{4-14}$$

（4-12）式表明 $OpVaR(\alpha)$ 的尺度參數彈性為單位彈性，即 θ_w 變動 1%，

$OpVaR(\alpha)$ 始終變動 1%；（4-13）~（4-14）式表明形狀參數彈性與頻數參數彈性都與尺度參數無關，表明尺度參數不影響 $OpVaR(\alpha)$ 相對於特徵參數 ξ_w 與 μ 變動的靈敏度。這是由於操作風險受到損失強度和損失頻數兩方面的影響：在損失強度分佈方面，形狀參數決定了該分佈尾部厚度和拖尾的長度，即決定了尾部風險大小；在損失頻數分佈方面，操作風險由損失頻數大小決定。形狀參數和頻數參數分別代表了損失強度分佈和損失頻數分佈的影響。當形狀參數為關鍵影響參數時，表明損失強度的影響是主要的；當頻數參數為關鍵影響參數時，表明損失頻數分佈的影響是主要的。因此，操作風險關鍵影響參數的判別，實際上是在形狀參數和頻數參數間進行判別，從而判斷出對操作風險起關鍵影響作用的操作損失分佈。以下將給出判別該關鍵參數的一般方法。

命題 4-3 在前述假定下，

(1) $E_\mu > 0$；當 $0 < \ln\dfrac{\mu}{1-\alpha} \leq 1$ 時，$E_{\xi_w} \geq 0$，當 $\ln\dfrac{\mu}{1-\alpha} > 1$ 時，$E_{\xi_w} < 0$。

(2) 當 $\alpha \to 1$ 時，$E_{\xi_w} \to -\infty$，$E_\mu \to 0$。

(3) 當 $\left| -\ln\dfrac{\mu}{1-\alpha} \ln(\ln\dfrac{\mu}{1-\alpha}) \right| \geq 1$ 時，$|E_{\xi_w}| \geq E_\mu$；反之，$|E_{\xi_w}| < E_\mu$。

證明 在前述假定下，首先證明（1）。由（4-13）式可知：

因為 $(\ln\dfrac{\mu}{1-\alpha})^{\frac{1}{\xi_w}} \geq 0$ 且 $\xi_w > 0$，所以

當 $0 < \ln\dfrac{\mu}{1-\alpha} \leq 1$ 時，$E_{\xi_w} \geq 0$，當 $\ln\dfrac{\mu}{1-\alpha} > 1$ 時，$E_{\xi_w} < 0$ 成立。

由（4-14）式可知：因為 $\ln\dfrac{\mu}{1-\alpha} \geq 0$ 且 $\xi_w > 0$，所以 $E_\mu = (\xi_w \ln\dfrac{\mu}{1-\alpha})^{-1} > 0$。

對於（2）。由（4-13）式可得

$$\lim_{\alpha \to 1} E_{\xi_w} = \lim_{\alpha \to 1} \left[-\ln(\ln\dfrac{\mu}{1-\alpha})^{\xi_w^{-1}} \right] = -\infty$$

即當 $\alpha \to 1$ 時，$E_{\xi_w} \to -\infty$ 成立。

由（4-14）式可得

$$\lim_{\alpha \to 1} E_\mu = \lim_{\alpha \to 1} (\xi_w \ln\dfrac{\mu}{1-\alpha})^{-1} = 0$$

即當 $\alpha \to 1$ 時，$E_\mu \to 0$ 成立。

對於（3）。由 $\dfrac{E_{\xi_w}}{E_\mu} = \dfrac{-\ln(\ln\dfrac{\mu}{1-\alpha})^{\xi_w^{-1}}}{(\xi_w \ln\dfrac{\mu}{1-\alpha})^{-1}} = -\ln\dfrac{\mu}{1-\alpha}\ln(\ln\dfrac{\mu}{1-\alpha})$ 可知：

當 $\left|\ln\dfrac{\mu}{1-\alpha}\ln(\ln\dfrac{\mu}{1-\alpha})\right| \geq 1$ 時，$|E_{\xi_w}| \geq |E_\mu|$；反之，$|E_{\xi_w}| < |E_\mu|$。

由命題 4-3 可知，操作風險的增大可能有兩方面原因：其一是頻數參數增加，即儘管每次損失強度可能不大，但損失頻數增加，會導致操作風險增大。其二是形狀參數變動：當 $\ln[\mu/(1-\alpha)] > 1$ 時，若形狀參數遞減，即操作損失強度分佈的尾部厚度增加，操作風險增大；反之，若形狀參數遞增，操作風險遞減；當 $0 < \ln[\mu/(1-\alpha)] \leq 1$ 時，若形狀參數遞減，即操作損失強度分佈的尾部厚度增加，操作風險減小；反之，若形狀參數遞增，操作風險遞增。這意味著，欲使操作風險發生相同變化，管理措施會因操作風險狀況的不同而使形狀參數變化的方向完全相反。因此，在操作風險管理實踐中，若形狀參數為關鍵管理參數，應根據操作風險的具體狀況，首先由該條件來進行判斷，以確定管理措施應使形狀參數變動的方向。

進一步研究可知，理論上，當置信度 α 趨近於 1（非常高）時，形狀參數對操作風險的影響程度可能變得非常大（趨於無窮），頻數參數的影響程度可能變得非常小（趨於零）。兩參數影響操作風險的程度差異可由判別式 $|\ln[\mu/(1-\alpha)]\ln\{\ln[\mu/(1-\alpha)]\}|$ 的大小表示，判別式越大，其差異越大。

令 $\Delta E = -\ln[\mu/(1-\alpha)]\ln\{\ln[\mu/(1-\alpha)]\}$，隨 α 遞增，判別式 $|\Delta E|$ 遞增，該差異程度不斷擴大；當 α 一定時，判別式值僅由 μ 決定，即 $|E_{\xi_w}|$ 與 E_μ 間的差異程度由 μ 決定。當 $\alpha = 99.9\%$ 時，判別式隨 μ 變化的趨勢如圖 4-2 所示。

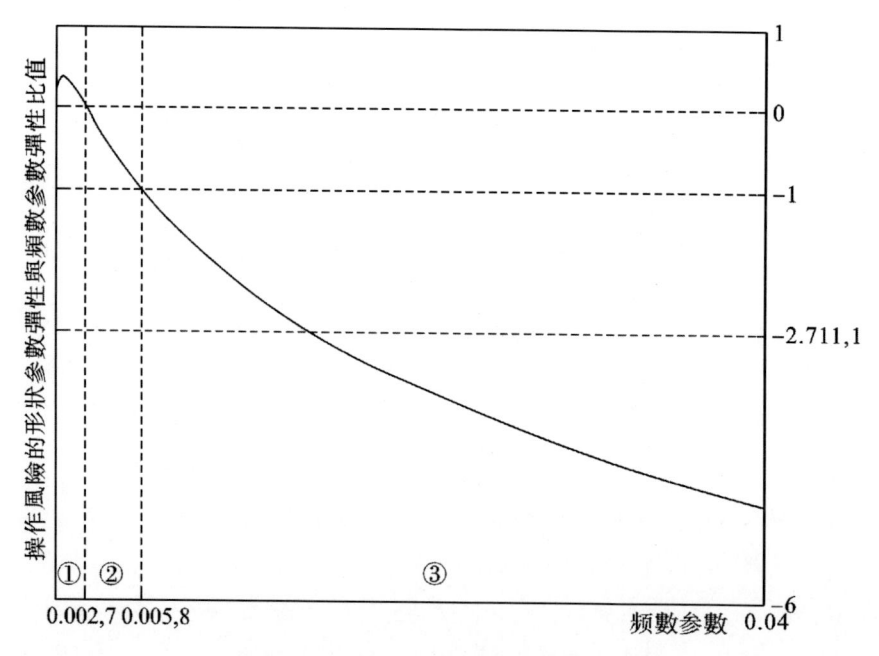

圖 4-2　E_{ξ_w} 與 E_μ 比值隨 μ 變化的趨勢

因 $\mu/(1-\alpha) > 1$，則 $\mu > 0.001$，因此，圖 4-2 中橫坐標以 $\mu = 0.001$ 為起始點。當 $\Delta E = 0$ 時，$\mu = 0.002,7$，$E_{\xi_w} = 0$，即形狀參數變化不影響操作風險。當 $\Delta E = -1$ 時，$\mu = 0.005,8$，即形狀參數遞增，操作風險越小，且形狀參數和頻數參數影響操作風險的程度相同。由此，可將 μ 的所有取值範圍分成三個區域進行探討，由圖 4-2 所示：

① 當 $0.001 < \mu < 0.002,7$ 時，$\Delta E > 0$ 且 $|\Delta E| < 1$，存在 $E_{\xi_w} > 0$ 且 $E_{\xi_w} < E_\mu$。此時，形狀參數遞增，操作風險越大，頻數參數影響操作風險的程度大於形狀參數的影響程度，頻數參數為操作風險的主要影響參數，即損失頻數分佈為主要管理對象。

② 當 $0.002,7 < \mu < 0.005,8$ 時，$\Delta E < 0$ 且 $|\Delta E| < 1$，存在 $E_{\xi_w} < 0$ 且 $|E_{\xi_w}| < E_\mu$。此時，形狀參數遞增，操作風險越小，頻數參數影響操作風險的程度大於形狀參數的影響程度，頻數參數為操作風險的主要影響參數。

③ 當 $\mu > 0.005,8$ 時，$\Delta E < 0$ 且 $|\Delta E| > 1$，存在 $E_{\xi_w} < 0$ 且 $|E_{\xi_w}| > E_\mu$。此時，形狀參數遞增，操作風險越小，形狀參數影響操作風險的程度大於頻數參數的影響程度，形狀參數為操作風險的主要影響參數，即損失強度分佈為主

要管理對象。μ 越大，圖 4-2 中操作風險的狀態位置往右下方移動，判別式越大，$|E_{\xi_*}|$ 與 E_μ 間的差異程度越大，形狀參數在管理中的重要性越強，管理力度應越大。

因此，根據金融機構在不同操作風險狀況下損失分佈特徵參數所處區域的不同，由命題 4-3 可判別操作風險的關鍵管理參數，從而判別出應進行管理的主要損失分佈對象。這不僅可為管理措施的制定或修訂提供依據，而且可檢驗管理措施效果，監測操作風險變動趨勢。

由（4-13）～（4-14）式可知，在一定的置信度條件下，操作風險價值彈性隨形狀參數和頻數參數的變化而變化，這使 E_{ξ_*} 和 E_μ 相對大小發生變動，從而使操作風險的主要影響參數發生變化，即使操作風險的主要分佈發生變化。為此，下面由命題 4-4 進一步探討 E_{ξ_*} 和 E_μ 的變動規律。

命題 4-4 在前述假定下，存在

（1）操作風險靈敏度的變動方向：當 $\ln\dfrac{\mu}{1-\alpha} \geqslant 1$ 時，$\dfrac{\partial E_{\xi_*}}{\partial \xi_w} \geqslant 0$，當 $0 < \ln\dfrac{\mu}{1-\alpha} < 1$ 時，$\dfrac{\partial E_{\xi_*}}{\partial \xi_w} < 0$；$\dfrac{\partial E_{\xi_*}}{\partial \mu} < 0$；$\dfrac{\partial E_\mu}{\partial \xi_w} < 0$，$\dfrac{\partial E_\mu}{\partial \mu} < 0$；

（2）操作風險靈敏度變動程度比較：

① 當 $\left|-\dfrac{\mu}{\xi_w}\ln\dfrac{\mu}{1-\alpha}\ln(\ln\dfrac{\mu}{1-\alpha})\right| \geqslant 1$ 時，$\left|\dfrac{\partial E_{\xi_*}}{\partial \xi_w}\right| \geqslant \left|\dfrac{\partial E_{\xi_*}}{\partial \mu}\right|$；反之，$\left|\dfrac{\partial E_{\xi_*}}{\partial \xi_w}\right| < \left|\dfrac{\partial E_{\xi_*}}{\partial \mu}\right|$；

② 當 $\left|\dfrac{\mu}{\xi_w}\ln\dfrac{\mu}{1-\alpha}\right| \geqslant 1$ 時，$\left|\dfrac{\partial E_\mu}{\partial \xi_w}\right| \geqslant \left|\dfrac{\partial E_\mu}{\partial \mu}\right|$；反之，$\left|\dfrac{\partial E_\mu}{\partial \xi_w}\right| < \left|\dfrac{\partial E_\mu}{\partial \mu}\right|$；

③ 當 $\left|-\ln\dfrac{\mu}{1-\alpha}\ln(\ln\dfrac{\mu}{1-\alpha})\right| \geqslant 1$ 時，$\left|\dfrac{\partial E_{\xi_*}}{\partial \xi_w}\right| \geqslant \left|\dfrac{\partial E_\mu}{\partial \xi_w}\right|$；反之，$\left|\dfrac{\partial E_{\xi_*}}{\partial \xi_w}\right| < \left|\dfrac{\partial E_\mu}{\partial \xi_w}\right|$；

④ 當 $\ln\dfrac{\mu}{1-\alpha} \geqslant 1$ 時，$\left|\dfrac{\partial E_{\xi_*}}{\partial \mu}\right| \geqslant \left|\dfrac{\partial E_\mu}{\partial \mu}\right|$；反之，$\left|\dfrac{\partial E_{\xi_*}}{\partial \mu}\right| < \left|\dfrac{\partial E_\mu}{\partial \mu}\right|$。

證明 首先證明（1）。由（4-13）式可得：

$$\frac{\partial E_{\xi_*}}{\partial \xi_w} = \xi_w^{-2}\ln(\ln\frac{\mu}{1-\alpha}) \qquad (4-15)$$

$$\frac{\partial E_{\xi_*}}{\partial \mu} = -(\xi_w\mu\ln\frac{\mu}{1-\alpha})^{-1} \qquad (4-16)$$

因為 $\xi_w > 0$, $\ln\frac{\mu}{1-\alpha} \geq 0$, 且 $\mu > 0$, 則:

由 (4-15) 式可知, 當 $\ln\frac{\mu}{1-\alpha} \geq 1$ 時, $\frac{\partial E_{\xi_*}}{\partial \xi_w} \geq 0$, 當 $0 < \ln\frac{\mu}{1-\alpha} < 1$ 時, $\frac{\partial E_{\xi_*}}{\partial \xi_w} < 0$;

由 (4-16) 式可知, $\frac{\partial E_{\xi_*}}{\partial \mu} < 0$。

由 (4-14) 式有

$$\frac{\partial E_\mu}{\partial \xi_w} = -\xi_w^{-2}(\ln\frac{\mu}{1-\alpha})^{-1} \qquad (4-17)$$

$$\frac{\partial E_\mu}{\partial \mu} = -\xi_w^{-1}\mu^{-1}(\ln\frac{\mu}{1-\alpha})^{-2} \qquad (4-18)$$

因為 $\xi_w > 0$, $\ln\frac{\mu}{1-\alpha} \geq 0$, $\mu > 0$, 則:

由 (4-17) 式知 $\frac{\partial E_\mu}{\partial \xi_w} < 0$;

由 (4-18) 式知 $\frac{\partial E_\mu}{\partial \mu} < 0$。

對於 (2), 根據

$$\frac{\dfrac{\partial E_{\xi_*}}{\partial \xi_w}}{\dfrac{\partial E_{\xi_*}}{\partial \mu}} = -\frac{\mu}{\xi_w}\ln\frac{\mu}{1-\alpha}\ln(\ln\frac{\mu}{1-\alpha})$$

可知: 當 $\left|-\frac{\mu}{\xi_w}\ln\frac{\mu}{1-\alpha}\ln(\ln\frac{\mu}{1-\alpha})\right| \geq 1$ 時, $\left|\frac{\partial E_{\xi_*}}{\partial \xi_w}\right| \geq \left|\frac{\partial E_{\xi_*}}{\partial \mu}\right|$; 反之, $\left|\frac{\partial E_{\xi_*}}{\partial \xi_w}\right| < \left|\frac{\partial E_{\xi_*}}{\partial \mu}\right|$。

根據

$$\frac{\partial E_\mu}{\partial \xi_w} \bigg/ \frac{\partial E_\mu}{\partial \mu} = \frac{\mu}{\xi_w} \ln \frac{\mu}{1-\alpha}$$

可知：當 $\left|\frac{\mu}{\xi_w}\ln\frac{\mu}{1-\alpha}\right| \geq 1$ 時，$\left|\frac{\partial E_\mu}{\partial \xi_w}\right| \geq \left|\frac{\partial E_\mu}{\partial \mu}\right|$；反之，$\left|\frac{\partial E_\mu}{\partial \xi_w}\right| < \left|\frac{\partial E_\mu}{\partial \mu}\right|$。

根據

$$\frac{\partial E_{\xi_w}}{\partial \xi_w} \bigg/ \frac{\partial E_\mu}{\partial \xi_w} = -\ln\frac{\mu}{1-\alpha}\ln(\ln\frac{\mu}{1-\alpha})$$

可知：當 $\left|-\ln\frac{\mu}{1-\alpha}\ln(\ln\frac{\mu}{1-\alpha})\right| \geq 1$ 時，$\left|\frac{\partial E_{\xi_w}}{\partial \xi_w}\right| \geq \left|\frac{\partial E_\mu}{\partial \xi_w}\right|$；反之，$\left|\frac{\partial E_{\xi_w}}{\partial \xi_w}\right| < \left|\frac{\partial E_\mu}{\partial \xi_w}\right|$。

根據

$$\frac{\partial E_{\xi_w}}{\partial \mu} \bigg/ \frac{\partial E_\mu}{\partial \mu} = \ln\frac{\mu}{1-\alpha}$$

可知：當 $\ln\frac{\mu}{1-\alpha} \geq 1$ 時，$\left|\frac{\partial E_{\xi_w}}{\partial \mu}\right| \geq \left|\frac{\partial E_\mu}{\partial \mu}\right|$；反之，$\left|\frac{\partial E_{\xi_w}}{\partial \mu}\right| < \left|\frac{\partial E_\mu}{\partial \mu}\right|$。

由命題 4-4 知，隨頻數參數遞增，E_{ξ_w} 和 E_μ 都會遞減；隨形狀參數遞增，E_μ 遞減，但 E_{ξ_w} 因操作風險狀況不同而出現完全相反的變化，即當 $\ln[\mu/(1-\alpha)] \geq 1$ 時，E_{ξ_w} 遞增，當 $0 < \ln[\mu/(1-\alpha)] < 1$ 時，E_{ξ_w} 遞減。因此，若針對形狀參數實施管理措施，應根據命題 4-4 給出的條件來判定 E_{ξ_w} 的變動方向。

形狀參數和頻數參數影響 E_{ξ_w} 和 E_μ 的程度差異，可由四個判別式來比較，並可判別出影響程度最大的特徵參數。根據命題 4-4 分別令：

$$\frac{\mu}{\xi_w}\ln\frac{\mu}{1-\alpha}\ln(\ln\frac{\mu}{1-\alpha}) = 1$$

$$\frac{\mu}{\xi_w}\ln\frac{\mu}{1-\alpha} = 1$$

當 $\alpha = 99.9\%$ 時，可得如圖 4-3 所示的情況。

在曲線 L_1 上表示 ξ_w 與 μ 變動影響 E_{ξ_w} 的程度相同，L_1 左邊區域表示 ξ_w 的影響程度小於 μ 的影響程度，L_1 右邊區域則為相反情況。

在曲線 L_2 上表示 ξ_w 與 μ 變動影響 E_μ 的程度相同，L_2 左邊區域表示 ξ_w 的影

響程度小於 μ 的影響程度，L_2 右邊區域則為相反情況。

曲線 L_1 與 L_2 相交於坐標點（0.015,1，0.041），在該交點處表示 ξ_w 與 μ 變動對 E_μ 和 E_{ξ_w} 的影響程度相同。因此，L_1 與 L_2 將坐標平面分成四個區域 Ⅰ、Ⅱ、Ⅲ以及Ⅳ，不同區域表示操作風險的不同狀況。

根據命題4-4分別令：

$$\Delta E_1 = \ln\frac{\mu}{1-\alpha}\ln(\ln\frac{\mu}{1-\alpha})$$

$$\Delta E_2 = \ln\frac{\mu}{1-\alpha}$$

當 $\alpha = 99.9\%$ 時，得如圖4-4所示的情況。

曲線 L'_1 表示 ξ_w 變化對 E_{ξ_w} 和 E_μ 的影響程度差異，當 $\mu = 0.005,8$ 時，$\Delta E_1 = 1$，表示二者影響程度相同，因此，L'_1 將坐標平面分成判別式 ΔE_1 大於1和小於1的兩個不同區域。

曲線 L'_2 表示 μ 變化對 E_{ξ_w} 和 E_μ 的影響程度差異，當 $\mu = 0.002,7$ 時，$\Delta E_2 = 1$，表明二者影響程度相同，因此，L'_2 將坐標平面分成判別式 ΔE_2 大於1和小於1的兩個不同區域。

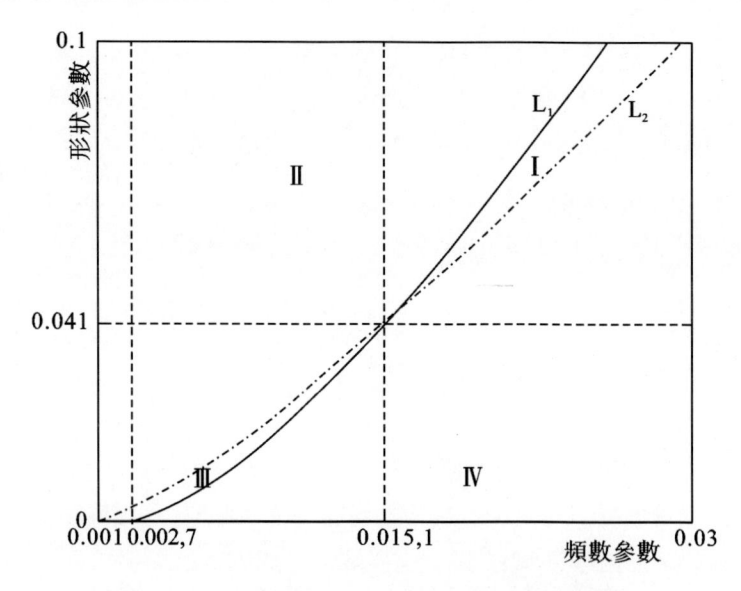

圖4-3 ξ_w 與 μ 對 E_{ξ_w}（或 E_μ）的影響程度差異

图 4-4　ξ_w（或 μ）对 E_{ξ_w} 与 E_μ 的影响程度差异

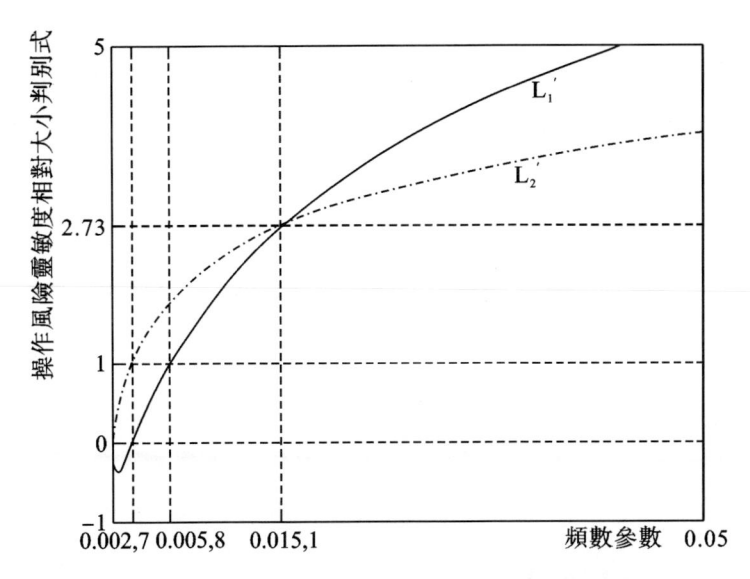

因为 $\mu/(1-\alpha) > 1$，则 $\mu > 0.001$，因此，在图 4-3 和图 4-4 中横坐标都是以 $\mu = 0.001$ 为起始点。在图 4-3 和图 4-4 中，因 ξ_w 和 μ 所在区域不同，操作风险灵敏度的关键影响参数也不同：

在区域 I，有

$$\left|\frac{\partial E_{\xi_w}}{\partial \xi_w}\right| > \left|\frac{\partial E_{\xi_w}}{\partial \mu}\right| \text{ 且 } \left|\frac{\partial E_\mu}{\partial \xi_w}\right| < \left|\frac{\partial E_\mu}{\partial \mu}\right|$$

表明 ξ_w 为 E_{ξ_w} 的关键影响参数，μ 为 E_μ 的关键影响参数。

因在区域 I 有 $\mu > 0.015,1$，则进一步由图 4-4 可知：

$$\left|\frac{\partial E_{\xi_w}}{\partial \xi_w}\right| > \left|\frac{\partial E_\mu}{\partial \mu}\right| \text{ 及 } \left|\frac{\partial E_{\xi_w}}{\partial \mu}\right| > \left|\frac{\partial E_\mu}{\partial \xi_w}\right|$$

所以，

$$\left|\frac{\partial E_{\xi_w}}{\partial \xi_w}\right| > \left|\frac{\partial E_{\xi_w}}{\partial \mu}\right| > \left|\frac{\partial E_\mu}{\partial \mu}\right| > \left|\frac{\partial E_\mu}{\partial \xi_w}\right|$$

即 ξ_w 对 E_{ξ_w} 的影响最大。

在区域 II，有

$$\left|\frac{\partial E_{\xi_w}}{\partial \xi_w}\right| < \left|\frac{\partial E_{\xi_w}}{\partial \mu}\right| \text{ 且 } \left|\frac{\partial E_\mu}{\partial \xi_w}\right| < \left|\frac{\partial E_\mu}{\partial \mu}\right|$$

表明 μ 為 E_{ξ_*} 和 E_μ 的關鍵影響參數，但其影響程度存在差異，進一步由圖4-4中 L'_2 來進行判別。

若 $0.001 < \mu < 0.002,7$，則有

$$\left|\frac{\partial E_{\xi_*}}{\partial \mu}\right| < \left|\frac{\partial E_\mu}{\partial \mu}\right|$$

即 μ 對 E_{ξ_*} 的影響程度小於對 E_μ 的影響程度，μ 越小，該差異越大。

若 $\mu > 0.002,7$，則 μ 對 E_{ξ_*} 的影響程度大於對 E_μ 的影響程度，μ 越大，該差異越大。

在區域Ⅲ，有

$$\left|\frac{\partial E_{\xi_*}}{\partial \xi_w}\right| < \left|\frac{\partial E_{\xi_*}}{\partial \mu}\right| \text{ 且 } \left|\frac{\partial E_\mu}{\partial \xi_w}\right| > \left|\frac{\partial E_\mu}{\partial \mu}\right|$$

表明 μ 為 E_{ξ_*} 的關鍵影響參數，ξ_w 為 E_μ 的關鍵影響參數。

因在區域Ⅲ有 $\mu < 0.015,1$，則進一步由圖4-4知：

若 $0.001 < \mu < 0.002,7$，則

$$\left|\frac{\partial E_{\xi_*}}{\partial \xi_w}\right| < \left|\frac{\partial E_\mu}{\partial \xi_w}\right| \text{ 且 } \left|\frac{\partial E_{\xi_*}}{\partial \mu}\right| < \left|\frac{\partial E_\mu}{\partial \mu}\right|$$

所以，

$$\left|\frac{\partial E_\mu}{\partial \xi_w}\right| > \left|\frac{\partial E_\mu}{\partial \mu}\right| > \left|\frac{\partial E_{\xi_*}}{\partial \mu}\right| > \left|\frac{\partial E_{\xi_*}}{\partial \xi_w}\right|$$

即 ξ_w 對 E_μ 的影響最大。

若 $0.002,7 < \mu < 0.005,8$，則

$$\left|\frac{\partial E_{\xi_*}}{\partial \xi_w}\right| < \left|\frac{\partial E_\mu}{\partial \xi_w}\right| \text{ 且 } \left|\frac{\partial E_{\xi_*}}{\partial \mu}\right| > \left|\frac{\partial E_\mu}{\partial \mu}\right|$$

所以，

$$\left|\frac{\partial E_{\xi_*}}{\partial \mu}\right| (\text{或} \left|\frac{\partial E_\mu}{\partial \mu}\right|) > \left|\frac{\partial E_\mu}{\partial \mu}\right| \text{ 及 } \left|\frac{\partial E_{\xi_*}}{\partial \mu}\right| (\text{或} \left|\frac{\partial E_\mu}{\partial \xi_w}\right|) > \left|\frac{\partial E_{\xi_*}}{\partial \xi_w}\right|$$

這表明一參數對另一參數彈性的影響程度總是大於參數對其自身彈性的影響程度；

若 $0.005,8 < \mu < 0.015,1$，則

$$\left|\frac{\partial E_{\xi_w}}{\partial \xi_w}\right| > \left|\frac{\partial E_\mu}{\partial \xi_w}\right| \text{ 且 } \left|\frac{\partial E_{\xi_w}}{\partial \mu}\right| > \left|\frac{\partial E_\mu}{\partial \mu}\right|$$

所以，

$$\left|\frac{\partial E_{\xi_w}}{\partial \mu}\right| > \left|\frac{\partial E_{\xi_w}}{\partial \xi_w}\right| > \left|\frac{\partial E_\mu}{\partial \xi_w}\right| > \left|\frac{\partial E_\mu}{\partial \mu}\right|$$

即 μ 對 E_{ξ_w} 的影響最大。

在區域Ⅳ，有

$$\left|\frac{\partial E_{\xi_w}}{\partial \xi_w}\right| > \left|\frac{\partial E_{\xi_w}}{\partial \mu}\right| \text{ 且 } \left|\frac{\partial E_\mu}{\partial \xi_w}\right| > \left|\frac{\partial E_\mu}{\partial \mu}\right|$$

表明 ξ_w 為 E_ξ 和 E_μ 的主要影響參數，但其影響程度存在差異，進一步由圖 4-4 中 L'_1 來進行判別。

若 $0.001 < \mu < 0.005,8$，則

$$\left|\frac{\partial E_{\xi_w}}{\partial \xi_w}\right| < \left|\frac{\partial E_\mu}{\partial \xi_w}\right|$$

即 ξ_w 對 E_{ξ_w} 的影響程度小於對 E_μ 的影響程度，μ 越小，該差異越大；

若 $\mu > 0.005,8$，則

$$\left|\frac{\partial E_{\xi_w}}{\partial \xi_w}\right| > \left|\frac{\partial E_\mu}{\partial \xi_w}\right|$$

即 ξ_w 對 E_{ξ_w} 的影響程度大於對 E_μ 的影響程度，μ 越大，該差異越大。

以上根據命題 4-4 分析並比較了不同操作風險狀況（即在 ξ_w 與 μ 所有取值區域上）下操作風險靈敏度變動程度，由此，根據金融機構操作損失分佈特徵參數 ξ_w 及 μ 所在區域，即可判別出 E_ξ 和 E_μ 的關鍵影響參數，從而可預測和監測操作風險關鍵影響參數可能發生的變動。

命題 4-3 和命題 4-4 構成完整的操作風險管理參數判別模型，不僅可判別操作風險的關鍵影響參數，而且可對該關鍵影響參數的變動進行預測和監測。進一步，這意味著該模型可辨識出是強度分佈還是頻數分佈對操作風險起著關鍵影響作用，且可對其可能的變化進行預測和監測，從而為管理措施的制定或修訂提供可靠依據。

4.3.3 示例分析

由上述理論模型建立的邏輯過程可知，該模型僅在一定條件下才成立，在

應用時須檢驗操作風險狀況是否符合該條件：首先，操作損失強度須為重尾性分佈，當以廣義極值分佈擬合損失強度時，如果為 Weibull 分佈，即為重尾性分佈，符合上述理論成立條件，否則，不適用上述模型；其次，求得損失強度分佈和損失頻數分佈的特徵參數值，在高置信度下，判斷 $\mu/(1-\alpha) > 1$ 是否成立，若成立，則適用上述模型，否則不適用。

由於操作損失數據的機密性，目前沒有公開的操作損失專業數據庫可供研究，因此，以其他文獻實證擬合所得操作損失分佈的特徵參數值為依據，對上述模型進行檢驗。Dionne G. 和 Dahen H. (2008)[94]以新巴塞爾協議規定的操作損失分類為標準，在以損失分佈法度量加拿大某銀行的六類操作損失［即內部詐欺 (IF)，外部詐欺 (EF)，就業政策和工作場所安全性 (EPWS)，客戶、產品及業務操作 (CPBP)，實體資產損壞 (DPA)，執行、交割及流程管理 (EDPM)］的操作風險價值的過程中，以 Weibull 分佈擬合了操作損失強度，以 Poisson 分佈擬合了操作損失頻數，得到操作損失分佈特徵參數值如表 4-4 所示。

Weibull 分佈為重尾性分佈，而且，當 $\alpha = 99.9\%$ 時，$\mu/(1-\alpha) > 1$ 成立（如表 4-4 所示），因此，符合上述模型的應用條件，即可使用該模型判別該銀行操作風險的關鍵管理參數。以下將在 $\alpha = 99.9\%$ 下以該文獻所得損失分佈特徵參數值檢驗上述模型。

表 4-4　　　　　操作風險價值靈敏度的相對大小判別

損失類型	μ	ξ_w	$\dfrac{\mu}{1-\alpha} > 1$	ΔE
IF	0.515,9	0.59	5.20E+02	-11.442,1
DPA	0.337,6	0.52	3.40E+02	-10.255,9
EPWS	0.617,0	0.57	6.20E+02	-11.951,4
CPBP	3.242,0	1.3E-6	3.24E+03	-16.894,5
EDPM	9.853,5	3.47E-7	9.85E+03	-20.402,5
EF	141.261,1	0.82	1.41E+05	-29.326,1

首先，以命題 4-3 判別操作風險的關鍵影響參數。由表 4-4 知，$|\Delta E|$ 遠大於 1，因此，形狀參數對操作風險的影響程度遠大於頻數參數的影響程度，

且判別式 $|\Delta E|$ 的大小表明兩參數影響操作風險的程度差異大小。在六類操作損失中，EF 的判別式最大，表明兩參數影響的程度差異最大，而 DPA 的判別式最小，表明兩參數影響的程度差異最小。

該結論也可由圖 4-2 直觀地看出：六類損失都處於 $\Delta E < -1$ 的區域位置（圖中未標註），處於最右下區域位置的損失類型為 EF，該類損失分佈的兩特徵參數影響的程度差異最大；處於最左上位置的損失類型為 DPA，該類損失分佈的兩特徵參數影響的程度差異最小。在該銀行，這六類操作損失的關鍵管理參數都是形狀參數，操作損失強度成為關鍵管理對象，因而應修訂並加強快速反應（rapid reaction）、業務線持續計劃（business continuity）等管理措施[95]。但在不同業務線中，形狀參數的影響程度存在差異。因此，管理措施的力度應根據該差異而有所不同，即對於影響程度大的業務線，其管理措施的力度要相應加大；反之，管理措施的力度應小一些。

其次，由命題 4-4 可判別操作風險靈敏度的關鍵影響參數。由命題 4-4 和表 4-4 中特徵參數值可得表 4-5。

表 4-5　　操作風險靈敏度變動程度比較的判別式計算

損失類型	$\left\|\dfrac{\mu}{\xi_w}\ln\dfrac{\mu}{1-\alpha}\ln(\ln\dfrac{\mu}{1-\alpha})\right\|$	$\left\|\dfrac{\mu}{\xi_w}\ln\dfrac{\mu}{1-\alpha}\right\|$	$-\ln\dfrac{\mu}{1-\alpha}\ln(\ln\dfrac{\mu}{1-\alpha})$	$\ln\dfrac{\mu}{1-\alpha}$
IF	10.0	5.461,5	11.442,1	6.245,9
DPA	6.70	3.779,7	10.255,9	5.821,9
EPWS	12.9	6.954,6	11.951,4	6.424,9
CPBP	4.21E+07	2.02E+07	16.894,5	8.083,9
EDPM	5.79E+08	2.61E+08	20.402,5	9.195,6
EF	5.05E+03	2.04E+03	29.326,1	11.858,4

由表 4-5 可知，所有判別式都大於 1，則有

$$\left|\frac{\partial E_{\xi_w}}{\partial \xi_w}\right| > \left|\frac{\partial E_{\xi_w}}{\partial \mu}\right| \text{ 且 } \left|\frac{\partial E_\mu}{\partial \xi_w}\right| > \left|\frac{\partial E_\mu}{\partial \mu}\right|$$

即形狀參數為 E_{ξ_w} 和 E_μ 的主要影響參數，但其影響程度存在差異。

進一步，因 $\Delta E_1 > 1$，則有

$$\left|\frac{\partial E_{\xi_w}}{\partial \xi_w}\right| > \left|\frac{\partial E_\mu}{\partial \xi_w}\right|$$

即形狀參數對 E_{ξ_w} 的影響程度大於對 E_μ 的影響程度，且頻數參數越大，ΔE_1 越大，表明該差異越大。

該結論也可由圖 4-3 和圖 4-4 得出：在圖 4-3 中損失分佈特徵參數坐標位於區域Ⅳ，在圖 4-4 中損失分佈特徵參數坐標位於 $\mu > 0.005,8$ 的區域。因此，形狀參數為操作風險靈敏度的關鍵影響參數。

歸納上述示例分析可知，該銀行的上述六類操作風險，形狀參數既是其操作風險的關鍵影響參數，也是其操作風險靈敏度的關鍵影響參數。因此，形狀參數為該銀行的關鍵管理參數，即損失強度分佈為關鍵管理對象。

因為 $\ln\frac{\mu}{1-\alpha} > 1$，則由命題 4-3 可知

$$E_{\xi_w} < 0$$

即，隨形狀參數遞增，操作風險價值遞減。

因為 $\ln\frac{\mu}{1-\alpha} > 1$，則由命題 4-4 可知

$$\frac{\partial E_{\xi_w}}{\partial \xi_w} > 0$$

即，隨形狀參數遞增，操作風險相對於形狀參數的靈敏度遞增。

這意味著隨形狀參數遞增，操作風險價值遞減的速度是不斷增加的，也即操作風險相對於形狀參數的變化將變得越來越敏感，形狀參數成為管理操作風險的關鍵參數。只要針對形狀參數制定管理措施，且在不同業務線間，根據形狀參數的影響程度的差異調整管理措施的力度，就能有效提高操作風險管理效率。

4.3.4 結論

上述示例分析表明，在 Weibull 分佈下操作風險關鍵管理參數判別模型，能有效地判別出操作風險的關鍵管理參數，並能有效地預測操作風險變動趨勢和一般規律。即根據命題 4-3 和命題 4-4，示例分析有效地判別出：

第一，因為 $|\Delta E|$ 遠大於 1，所以形狀參數是操作風險價值的關鍵影響參數。

第二，因為 $E_{\xi_w} < 0$，所以隨形狀參數遞增，操作風險價值遞減，操作風險越小。

第三，因為 $\ln\dfrac{\mu}{1-\alpha} > 1$，所以由命題4-4可知 $\dfrac{\partial E_{\xi_w}}{\partial \xi_w} > 0$；儘管總存在 $\dfrac{\partial E_\mu}{\partial \xi_w} < 0$，但因 $\Delta E_1 > 1$，即形狀參數對操作風險靈敏度的影響程度占優。因此，隨形狀參數遞增，操作風險變動靈敏度呈現遞增趨勢。

因此，針對該示例，隨形狀參數遞增，操作風險價值遞減的速度是不斷增加的，也即操作風險相對於形狀參數的變化將變得越來越敏感，形狀參數成為管理操作風險的關鍵參數。只要針對形狀參數制定管理措施，且在不同業務線間，根據形狀參數的影響程度的差異調整管理措施的力度，就能有效提高操作風險管理效率。

4.4 本章小結

針對重尾性操作風險，本章以極值分佈模型為研究基礎，分別在 BMM 類模型和 GPD 類模型中選擇典型重尾分佈，即以 Weibull 分佈和 Pareto 分佈作為操作損失強度，探討了操作風險的關鍵管理參數，並進行了示例分析，得出如下結論：

第一，在 Pareto 分佈和 Weibull 分佈下，所建立的操作風險關鍵管理參數判別模型，能有效地判別出操作風險的關鍵管理參數。

根據命題 4-1~命題 4-4，示例分析有效地判別出，形狀參數不僅是操作風險價值的關鍵影響參數，而且是操作風險價值靈敏度的關鍵影響參數。因此，針對該示例，欲有效地控制操作風險，就須控制住形狀參數。

第二，根據該理論模型，可建立操作風險動態管理系統。

首先，以該理論模型判別出操作風險的關鍵管理參數，並針對該關鍵參數制定管理措施。其次，待該管理措施實施一定時間後，可以該理論模型檢驗管理措施的有效性。如果損失分佈特徵參數未發生變化，說明管理措施無效；如果損失分佈特徵參數發生變化，說明管理措施有效。然後，分析該模型輸出結

果，並修訂管理措施。若管理措施無效，則應分析原因，重新修訂措施；如管理措施有效，則應分析是否達到目的，分析偏差來源，並調整措施力度。最後，將修訂後的措施再輸入管理系統。如此反覆，形成一個連續的反饋系統，對操作風險進行動態管理和動態監測，從而有效遏制操作風險的發生。

第三，以該關鍵管理參數為制定措施的依據，可將度量模型與管理模型聯繫起來，使兩個模型的整合成為可能，從而使操作風險管理框架成為一個完整的有機體系，提高管理效率。在操作風險的整體管理框架中，度量模型與管理模型的整合是非常關鍵的問題。從現有文獻看，度量模型系統和管理模型系統還是兩個分離的系統，沒有整合在一起。如果能夠從度量的角度找到對操作風險影響程度最大的特徵參數，針對該關鍵特徵參數制定管理措施，便可將管理與度量整合在一個模型中。

第四，將本章和第三章示例分析結論結合起來，可得出如下具有重大意義的政策建議。

根據本章和第三章示例分析可知：在 Pareto 分佈和 Weibull 分佈下，形狀參數不僅是操作風險關鍵影響參數，而且是操作風險度量精度的關鍵影響參數。在高置信度 α 下，隨形狀參數變化（Pareto 分佈下隨形狀參數遞增，或 Weibull 分佈下隨形狀參數遞減），一方面操作風險監管資本以遞增速度遞增，而另一方面監管資本度量精度以遞增速度遞減。也就是說操作風險越大，操作風險度量精度越差。

在操作風險度量精度隨操作風險大小而變動的情況下，以置信度 $\alpha = 99.9\%$ 時的操作風險價值 $OpVaR(99.9\%)$ 的點估計值來作為監管資本的提取方式，就可能存在不合理性。因為監管資本越大，度量精度越差，所以在提取監管資本時，不應以監管資本點估計值來作為監管資本，而應該將監管資本的額度控制在一個區間內，操作風險越大，監管資本額度區間越大。這樣可將監管資本提取方式改進為：在監管資本置信區間的下限提取監管資本，從置信下限到置信上限，配置以無風險資產。由此，同時考慮監管資本及相應度量精度變化，監管資本越大，其度量精度越差，因而可給出一個更大的監管資本的控制範圍。這樣可使操作風險的監管更加合理，且使被監管機構在資本配置上具有一定的靈活性。

5 操作損失強度分佈選擇

5.1 引言

現有文獻研究發現損失強度分佈具有顯著的重尾性，該類風險也是新巴塞爾協議監管的主要對象。在高置信度下度量重尾性操作風險，極值模型法是一種最佳方法[55]。極值模型主要有兩類[24]：經典區組樣本極大值模型（BMM 模型）和廣義 Pareto 模型（GPD 模型）。

在實證研究中，Dionne G. 等研究者[94-95]同時將這兩類極值模型用於擬合同一操作損失強度樣本。若從 BMM 模型中擬合得到的損失強度分佈模型和從 GPD 模型中擬合得到的損失強度分佈模型，都有很接近的擬合優度，或者若在兩類分佈模型下度量結果差異較小，此時損失強度分佈類型的選擇就會出現讓人難以抉擇的情況。

一般，操作風險度量有兩個目的，一是確定監管資本量；二是為管理措施的制定提供可靠依據，提高管理效率。從第四章的結論可知，操作風險管理本質上是對操作損失強度分佈或損失頻數分佈的管理，因此，欲提高操作風險的管理效率，必須使管理措施具有針對性，即針對影響操作風險靈敏度最大的損失分佈（或分佈特徵參數）制定管理措施；且管理措施的有效性只能通過操作損失分佈（或分佈特徵參數）的變化才能得到準確監測，並為進一步修訂管理措施提供可靠依據；基於此，操作風險管理系統應該是一個連續的動態系統：對某一損失分佈（或分佈特徵參數）採取管理措施後，其效果通過損失

分佈（或分佈特徵參數）的變化來監測——或分佈發生變化，或分佈模型不變而其特徵參數變化——並度量出操作風險價值；然後，根據上述變化來修訂管理措施，再通過操作損失分佈變化或特徵參數變化監測其措施的效果，並再次針對上述變化來修訂管理措施，如此反覆，就形成一個連續的動態管理系統。因此，操作風險價值相對於損失分佈或特徵參數變動的靈敏度，將會在很大程度上決定操作風險管理系統的靈敏度。

操作風險管理系統的靈敏度對操作風險管理效率具有決定性作用，即管理系統的靈敏度越大，管理效率越高。由於損失強度分佈模型的選擇，不僅影響操作風險度量，而且影響操作風險管理系統的靈敏度。實際上，操作風險管理和度量具有同等的重要性。基於此，以操作風險管理系統靈敏度為標準，來選擇損失強度分佈，可將損失強度分佈模型的選擇與操作風險管理效率結合起來，即從管理效率的角度來選擇損失強度分佈模型，這對於提高操作風險管理效率具有重大意義。

從現有文獻對操作損失強度樣本的擬合結果來看，主要集中在 Pareto 分佈模型[92,93,90,94,95]（即 GPD 模型）和 Weibull 分佈模型[94-95]（即 BBM 模型），因此，本章將以這兩種分佈為例，以操作風險管理系統靈敏度為標準，探討操作損失強度分佈模型選擇的問題。

Chapelle A. 等人[95]對某機構「資產管理/執行、交割及流程管理」的操作損失強度進行了實證研究，並以操作損失強度樣本分別擬合了 Weibull 分佈和 Pareto 分佈，得到兩分佈的特徵參數。本章將以此為例，當操作損失強度分佈分別為 Weibull 分佈和 Pareto 分佈時，通過對比操作風險價值相對於特徵參數變動的靈敏度，進行操作損失強度分佈模型的選擇。根據前述研究所得出的高置信度下操作風險價值的解析解，以仿真方法比較 Weibull 分佈和 Pareto 分佈下操作風險價值的靈敏度，進行損失強度分佈模型的選擇。

5.2 操作風險價值度量

根據前述分析，在操作損失強度為重尾性分佈的情況下，當以損失分佈法

度量操作風險的尾部風險時，在高置信度 α 下，操作風險價值存在解析解。

根據第三章結論，當操作損失強度為 Pareto 分佈時，在高置信度 α 下，操作風險價值 [the Operational VaR, $OpVaR(\alpha)$] 解析解如下：

$$OpVaR_{\Delta t}(\alpha)_p \cong \frac{\theta_p}{\xi_p}[(\frac{\mu}{1-\alpha})^{\xi_p} - 1] \quad \xi_p > 0, \theta_p > 0, \mu \geqslant 0$$

式中，Δt 表示估計 $OpVaR(\alpha)$ 的目標期間；α 表示由操作損失強度分佈和損失頻率分佈複合成的複合分佈的置信度；θ_p 表示 Pareto 分佈尺度參數；ξ_p 表示 Pareto 分佈形狀參數；μ 表示當目標期間為 Δt 時操作損失頻數的期望值。

根據第四章的結論，當操作損失強度分佈為 Weibull 分佈時，在高置信度 α 下，$OpVaR(\alpha)$ 解析解如下：

$$OpVaR_{\Delta t}(\alpha)_w \cong \theta_w(\ln\frac{\mu}{1-\alpha})^{\frac{1}{\xi_w}}, \xi_w > 0, \theta_w > 0, \mu \geqslant 0 \quad (4-11)$$

式中，Δt 表示估計 $OpVaR(\alpha)$ 的目標期間；α 表示由操作損失強度分佈和損失頻率分佈複合成的複合分佈的置信度；θ_w 表示 Weibull 分佈尺度參數；ξ_w 表示 Weibull 分佈形狀參數；μ 表示當目標期間為 Δt 時操作損失頻數的期望值。

根據第三章和第四章的結論，有

當 $\frac{\mu}{1-\alpha} > 1$ 時，則 $OpVaR_{\Delta t}(\alpha)_p > 0$，$OpVaR_{\Delta t}(\alpha)_w > 0$

這是商業銀行操作風險的一般狀態，以下將在該狀態下對操作風險價值靈敏度進行比較。

由 (3-3) 和 (4-11) 式可知，在置信度 α 一定的情況下，$OpVaR(\alpha)$ 由特徵參數 (ξ、θ、μ) 決定。在這三個特徵參數 (ξ、θ、μ) 中，μ 是操作損失頻數的特徵參數，ξ 和 θ 是操作損失強度的特徵參數。操作損失強度分佈不同，$OpVaR(\alpha)$ 相對於特徵參數 (ξ、θ、μ) 變動的靈敏度可能存在差異，操作風險管理系統靈敏度從而存在差異。因此，$OpVaR(\alpha)$ 相對於特徵參數 (ξ、θ、μ) 的靈敏度反應了操作風險管理系統的靈敏度。以下將通過 $OpVaR(\alpha)$ 相對於特徵參數 (ξ、θ、μ) 變動的靈敏度的比較分析，對操作損失強度的分佈模型進行選擇。

5.3 操作風險價值靈敏度的比較分析

由前述文獻知，由於特徵參數（ξ、θ、μ）大小及變化範圍差異很大，其變動絕對值（$\Delta\theta$、$\Delta\xi$、$\Delta\mu$）引起 $OpVaR(\alpha)$ 的變動 [$\Delta OpVaR(\alpha)$] 不能充分反應特徵參數影響 $OpVaR(\alpha)$ 的靈敏度。只有特徵參數變動的程度（$\Delta\xi/\xi$、$\Delta\theta/\theta$、$\Delta\mu/\mu$）引起 $OpVaR(\alpha)$ 變動的程度 [$\Delta OpVaR(\alpha)/OpVaR(\alpha)$]，才能準確表示 $OpVaR(\alpha)$ 相對於特徵參數（ξ、θ、μ）變動的靈敏度。根據彈性理論：因變量變動百分比與某一自變量變動百分比的比值，為因變量相對於該自變量的彈性。因此，以 $OpVaR(\alpha)$ 的特徵參數彈性來表示 $OpVaR(\alpha)$ 相對於特徵參數變動的靈敏度。

根據第四章，$OpVaR(\alpha)_p$ 相對於 ξ_p、θ_p 與 μ 的彈性分別為

$$E_{\theta_p} = 1 \tag{4-1}$$

$$E_{\xi_p} = \frac{(\frac{\mu}{1-\alpha})^{\xi_p}}{(\frac{\mu}{1-\alpha})^{\xi_p} - 1} \times \xi_p \ln\frac{\mu}{1-\alpha} - 1 \tag{4-2}$$

$$E_{\mu_p} = \frac{(\frac{\mu}{1-\alpha})^{\xi_p}}{(\frac{\mu}{1-\alpha})^{\xi_p} - 1} \times \xi_p \tag{4-3}$$

根據第四章，$OpVaR(\alpha)_w$ 相對於 θ_w、ξ_w、μ 的彈性分別為

$$E_{\theta_w} = 1 \tag{4-12}$$

$$E_{\xi_w} = -\ln(\ln\frac{\mu}{1-\alpha})^{\xi_w^{-1}} \tag{4-13}$$

$$E_{\mu_w} = (\xi_w \ln\frac{\mu}{1-\alpha})^{-1} \tag{4-14}$$

由 Chapelle A. 等人的研究[95]可知，「資產管理/執行、交割及流程管理」的操作損失頻數均值為 $\mu = 712$，其操作損失強度在 Pareto 分佈下的特徵參數為 $\theta_p = 0.498$、$\xi_p = 6.79$。由（4-1）~（4-3）式可得，$OpVaR(\alpha)$ 的特徵參

數彈性隨置信度 α 變化的趨勢，如圖 5-1～圖 5-3。

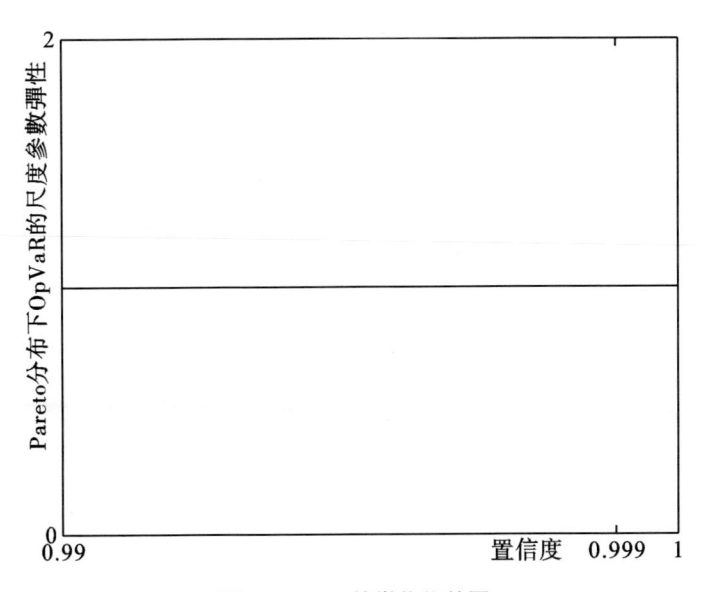

圖 5-1　E_{θ_p} 的變化趨勢圖

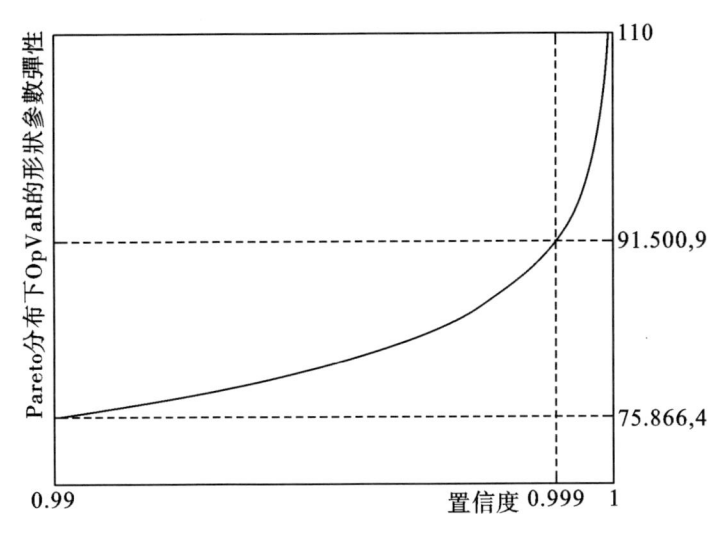

圖 5-2　E_{ξ_p} 的變化趨勢圖

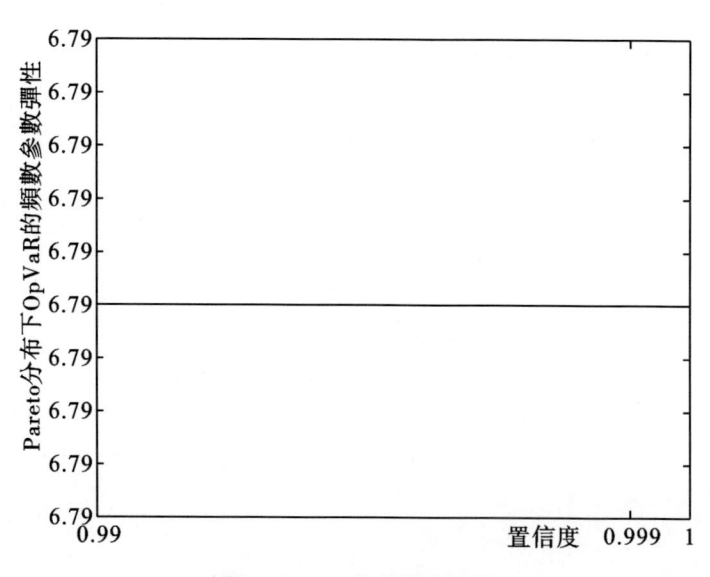

图 5-3 E_{μ_p} 的变化趋势图

当以 Weibull 分佈擬合上述產品線操作損失強度時，特徵參數為：ξ_w = 4.416、θ_w = 0.094。由（4-12）~（4-14）式可得，在 Weibull 分佈下 $OpVaR(\alpha)$ 的特徵參數彈性隨置信度 α 變化的趨勢，如圖 5-4~圖 5-6。

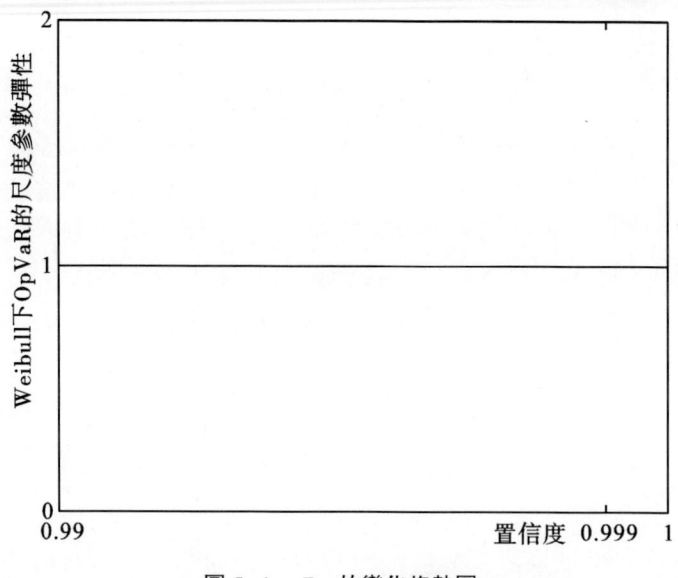

图 5-4 E_{θ_w} 的變化趨勢圖

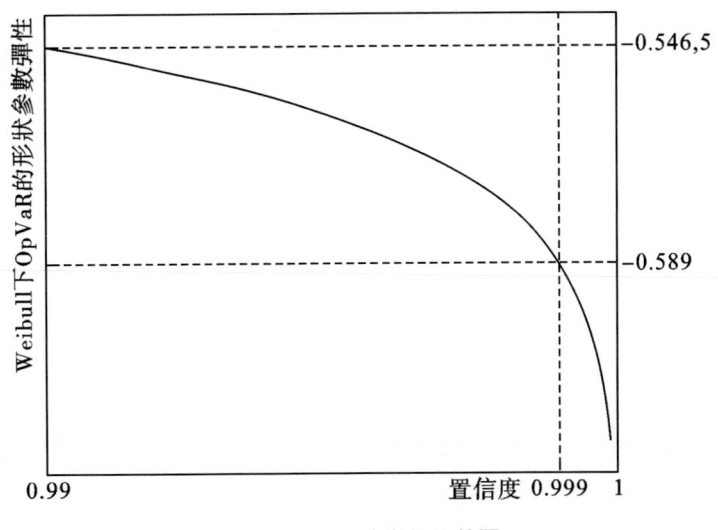

图 5-5　E_{ξ_w} 的变化趋势图

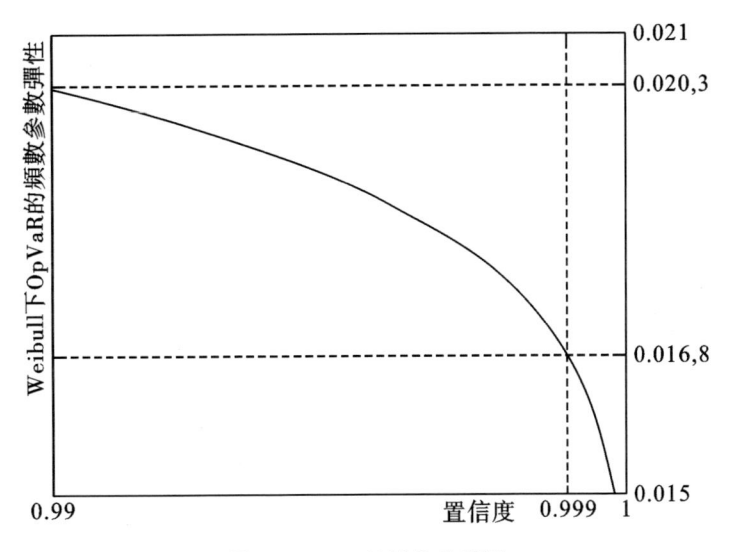

图 5-6　E_{μ_w} 的变化趋势图

对比图（5-1）~（5-6）可发现，操作损失强度在 Pareto 分布和 Weibull 分布下，$OpVaR(\alpha)$ 的特征参数弹性随置信度 α 变化趋势具有一些明显的特征。其共同点是：$E_{\theta_r}=E_{\theta_w}=1$，即操作损失强度不管是 Pareto 分布，还是 Weibull 分布，$OpVaR(\alpha)$ 的尺度参数弹性都为单位弹性，与置信度 α 的变动无关，也就是尺度参数变动 1%，$OpVaR(\alpha)$ 始终变动 1%。但更重要的是其差异性问题，

歸納起來有以下幾點[158]：

從 $OpVaR(\alpha)$ 的形狀參數彈性看：

第一，變化趨勢不同。隨 α 遞增，E_{ξ_p} 遞增，E_{ξ_w} 遞減。

第二，正負不同。$E_{\xi_p} > 0$，$E_{\xi_w} < 0$，即隨形狀參數 ξ 遞增，在 Pareto 分佈下，$OpVaR(\alpha)_p$ 遞增，在 Weibull 分佈下 $OpVaR(\alpha)_w$ 遞減。

第三，絕對值大小以及變化範圍不同。當 $99\% \le \alpha \le 99.9\%$ 時，$75.866,4 \le E_{\xi_p} \le 91.500,9$，$-0.589 \le E_{\xi_w} \le -0.546,5$，其區別很明顯：

其一，E_{ξ_p} 與 E_{ξ_w} 的絕對值大小不同：

$$\frac{|E_{\xi_p}(99\%)|}{|E_{\xi_w}(99\%)|} = 138.822,3$$

$$\frac{|E_{\xi_p}(99.9\%)|}{|E_{\xi_w}(99.9\%)|} = 155.349,6$$

即在相同的 α 下，E_{ξ_p} 遠大於 E_{ξ_w}。

其二，變化範圍不同。$E_{\xi_p} \in [75.866,4, 91.500,9]$，而 $E_{\xi_w} \in [-0.589, -0.546,5]$。

從以上對比可看出，隨形狀參數 ξ 的變動，$OpVaR(\alpha)_p$ 的靈敏度遠大於 $OpVaR(\alpha)_w$ 的靈敏度。

從 $OpVaR(\alpha)$ 的頻數參數 μ 彈性看：

第一，變化趨勢不同。隨 α 遞增，E_{μ_p} 不變，E_{μ_w} 遞減。

第二，絕對值大小以及變化範圍不同。當 $99\% \le \alpha \le 99.9\%$ 時，$E_{\mu_p} = \xi_p = 6.79$，$0.016,8 \le E_{\mu_w} \le 0.020,3$，其區別明顯有：

其一，絕對值大小不同：

$$\frac{|E_{\mu_p}(99\%)|}{|E_{\mu_w}(99\%)|} = 3.344,8 \times 10^2$$

$$\frac{|E_{\mu_p}(99.9\%)|}{|E_{\mu_w}(99.9\%)|} = 4.041,6 \times 10^2$$

即在相同的 α 下，E_{μ_p} 遠大於 E_{μ_w}。

其二，變化範圍不同：E_{μ_p} 不變，$E_{\mu_w} \in [0.016,8, 0.020,3]$。

從以上對比可看出，隨 μ 的變動，$OpVaR(\alpha)_p$ 的靈敏度遠大於 $OpVaR(\alpha)_w$ 的靈敏度。

綜合上述分析，隨形狀參數和頻數參數變動，在 Pareto 分佈下 $OpVaR(\alpha)_p$ 的靈敏度遠大於在 Weibull 分佈下 $OpVaR(\alpha)_w$ 的靈敏度。因此，Pareto 分佈為「資產管理/執行、交割及流程管理」的操作損失強度分佈模型。在 Pareto 分佈下操作風險管理系統的靈敏度遠大於 Weibull 分佈下操作風險管理系統的靈敏度。

5.4　本章小結

針對操作損失強度分佈模型的選擇問題，本章提出以操作風險管理系統靈敏度最大為標準，選擇操作損失強度分佈模型。並以損失強度分佈分別為 Pareto 分佈和 Weibull 分佈為例，以仿真方法通過對比在這兩類分佈下操作風險價值相對於分佈特徵參數的靈敏度，得到使操作風險價值靈敏度最大的損失強度分佈模型。

基於此，本章首先導出了操作損失強度在不同分佈下的操作風險價值；通過不同分佈下操作風險價值靈敏度的比較分析，發現在 Pareto 分佈下 $OpVaR(\alpha)_p$ 的靈敏度遠大於在 Weibull 分佈下 $OpVaR(\alpha)_w$ 的靈敏度。這說明操作風險管理系統在 Pareto 分佈下的靈敏度遠大於在 Weibull 分佈下的靈敏度，因此，選擇 Pareto 分佈作為「資產管理/執行、交割及流程管理」的操作損失強度分佈模型，將使該產品線的操作風險管理系統靈敏度較大，由此可提高管理效率。

本章將損失強度分佈模型的選擇與操作風險管理效率結合起來，為損失強度分佈模型的選擇找到了新的方法，在理論上進一步完善了損失分佈法在操作風險度量與管理中的應用。

6 結束語

6.1 總結與創新點

損失分佈法是能較準確地反應金融機構內部操作風險特徵的一種極具風險敏感性的高級計量法，是在業界獲得廣泛應用的主要方法。現有文獻研究發現，損失強度分佈具有顯著的重尾性。在高置信度下度量重尾性操作風險，極值模型法是一種最佳方法。因此，本書將損失分佈法和極值模型法結合起來，研究重尾性操作風險度量精度與管理問題。首先，本書從樣本異質性和模型外推問題兩個方面分析了重尾性操作風險度量偏差的影響因素，發現重尾性操作風險度量存在不可忽視的偏差；由此，本書以相關實證研究為基礎，分別在兩類極值模型（BMM 類模型和 GPD 類模型）中選擇典型的重尾分佈，即 Weibull 分佈和 Pareto 分佈作為操作損失強度分佈，在高置信度下，從理論上探討了重尾性操作風險的度量精度及其靈敏度的問題，並進行了示例分析；進一步，為探尋度量模型與管理模型的連接參數，本書從操作風險度量的角度，研究了對操作風險的影響程度最大的分佈特徵參數，並進行了示例分析；最後，針對損失強度分佈模型的選擇問題，本書提出了一種新的選擇方法。具體來講，本書通過以上研究得到如下創新性結論：

（1）通過對重尾性操作風險度量偏差的影響因素的系統分析，發現操作風險度量存在不可忽視的偏差，且該偏差的存在具有客觀性。影響操作風險度量偏差的因素主要有兩個方面：第一方面，樣本異質性的影響。由於損失分佈

法是以操作損失樣本為基礎來度量操作風險的，損失樣本本身的狀況對操作風險度量結果起著決定性影響。因重尾性操作風險的損失樣本量少，這將導致高置信度下操作風險價值估計偏差顯著增大。即使存在大量內部損失樣本，僅以內部損失樣本來度量操作風險，也會導致低估操作風險；若以內外部損失樣本合成的共享數據庫來度量操作風險，又存在著樣本異質性問題。為此，本書從損失樣本的門檻和樣本同質性轉換兩方面對數據共享問題進行探討：首先，系統分析了在樣本存在門檻的條件下損失強度分佈的問題，發現在樣本來源不同的情況下，損失強度分佈有很大差異，該差異將導致度量偏差；其次，樣本同質性轉換很難徹底解決不同來源損失樣本的異質性問題。因此，樣本異質性問題必然導致度量偏差。第二方面，重尾性操作損失強度分佈模型存在外推問題。由於重尾性操作損失樣本量稀少，這將導致在高置信度下度量操作風險價值時，存在分佈模型外推問題，這必然使度量結果產生不確定性。綜合以上兩方面的分析，損失樣本異質性和分佈模型外推問題，是由高置信度下重尾性操作風險的度量特徵決定的，因此，重尾性操作風險度量偏差的存在具有必然性。

（2）基於重尾性操作風險的度量結果客觀上存在偏差，本書進一步假設操作損失強度為 Weibull 分佈和 Pareto 分佈，以彈性分析方法，探討了重尾性操作風險的度量精度及其靈敏度的問題。在損失分佈法下，操作風險是以操作風險價值為度量結果的，因此，操作風險價值的置信區間長度表示操作風險的度量精度。通過對該度量精度及其靈敏度的系統研究，得出如下結論：

①操作風險度量精度靈敏度的變動僅與形狀參數和頻數參數有關。以彈性分析方法，對不確定性傳遞系數靈敏度及其變動的理論進行研究後發現，引起不確定性傳遞系數靈敏度變動的參數僅為形狀參數和頻數參數，與尺度參數無關。這表明在其他條件不變的情況下，重尾性操作風險度量精度靈敏度的變動僅與形狀參數和頻數參數有關。由極值理論可知，形狀參數的大小表明了損失強度分佈的尾部厚度和拖尾長度，表明了來自操作損失強度分佈的影響；損失頻數參數表明了來自損失頻數分佈的影響。因此，通過分析形狀參數和頻數參數的變動情況，即可得知損失強度分佈和損失頻數分佈變化對度量精度的影響。

②根據本書建立的理論命題，可判別操作風險度量精度的關鍵特徵參數，即可知引起度量精度變動的關鍵分佈是損失強度分佈還是損失頻數分佈。操作風險度量精度隨分佈特徵參數變動而變動，且具有規律性。根據命題（3-1）~（3-6）所構成的理論模型，可判定重尾性操作風險度量精度的關鍵影響參數，從而可知引起度量精度變動程度最大的分佈是損失強度分佈還是損失頻數分佈。因此，根據未來損失分佈可能的變化，可預測度量精度的變動趨勢。

③上述理論模型的示例分析，表明形狀參數是影響操作風險度量精度的關鍵參數，且存在一般性規律：在 Pareto 分佈下隨形狀參數遞增（或在 Weibull 分佈下隨形狀參數遞減），操作風險價值置信區間長度以遞增速度遞增，即度量精度以遞增速度遞減。即在示例分析中，形狀參數成為影響操作風險度量精度的關鍵參數。

（3）相關實證研究表明不同的操作風險管理措施所影響的操作損失分佈不同，操作風險管理本質上是對損失分佈進行管理，即是對損失分佈特徵參數進行管理。若能夠從度量的角度判別出對操作風險影響程度最大的特徵參數並作為關鍵管理參數，便能使操作風險度量為其管理提供依據，而管理的效果又能通過度量結果來進行檢驗。由此可將度量模型與管理模型聯繫在一起，從而為兩模型的整合建立基礎。基於此，本書以相關實證研究為基礎，在極值模型中選擇典型的重尾分佈，即 Weibull 分佈和 Pareto 分佈作為操作損失強度假設，從操作風險度量的角度探討其關鍵管理參數，並得出如下結論：

①操作風險價值的關鍵影響參數的變動存在一定規律性，基於此，本書建立了操作風險關鍵管理參數的判別模型，示例分析驗證了該模型的有效性。

②以操作風險關鍵參數的判別模型為基礎，可建立操作風險動態管理系統。首先，以該理論模型判別出操作風險的關鍵管理參數，並針對該關鍵影響參數制定管理措施。其次，待該管理措施實施一定時間後，以該理論模型檢驗管理措施的有效性。然後，分析該模型輸出結果，並修訂管理措施。若管理措施無效，則應分析原因，重新修訂措施；如管理措施有效，則應分析是否達到目的，分析偏差來源，並調整措施力度。最後，將修訂後的措施再輸入管理系統。如此反覆，形成一個連續的反饋系統，對操作風險進行動態管理和動態監測，從而有效遏制操作風險的發生。

③以該關鍵管理參數為制定管理措施的依據，可將度量模型與管理模型聯繫起來，使兩模型的整合成為可能，從而使操作風險管理框架成為一個完整的有機體系，提高管理效率。

（4）將第三章和第四章研究結論結合起來，可得出具有現實意義的政策建議。

根據第三章和第四章理論模型可知，隨分佈特徵參數的變化，不僅操作風險價值發生變化，而且其度量精度也將隨之發生變化。由示例分析可知：在高置信度 α 下，隨形狀參數變化（在 Pareto 分佈下隨形狀參數遞增，或在 Weibull 分佈下隨形狀參數遞減），一方面操作風險監管資本以遞增速度遞增，而另一方面監管資本度量精度以遞增速度遞減。也就是說操作風險越大，操作風險度量精度越差。在操作風險度量精度隨操作風險大小而變動的情況下，以置信度 $\alpha=99.9\%$ 時的操作風險價值 $OpVaR(99.9\%)$ 的點估計值來作為監管資本的提取方式，就可能存在不合理性。因此，建議將監管資本提取方式改進為：在監管資本置信區間的下限提取監管資本，從置信下限到置信上限，配置以無風險資產。由此可同時考慮監管資本與其相應度量精度的變化，監管資本越大，其度量精度越差，因而可給出一個更大的監管資本控制範圍。這樣可使操作風險的監管更加合理，使被監管機構在資本配置上具有一定靈活性。

（5）針對操作損失強度分佈的選擇問題，本章提出以操作風險管理系統靈敏度最大為標準選擇操作損失強度分佈模型，從而使損失強度分佈模型的選擇與操作風險管理效率結合起來，為損失強度分佈模型的選擇找到了新的方法，在理論上進一步完善了損失分佈法在操作風險度量與管理中的應用。

6.2　研究展望

本書儘管對重尾性操作風險的度量精度與管理問題進行了較充分研究（在本書框架下是充分的），但仍然存在尚待深入展開的問題：

（1）第二章僅以目前文獻為基礎，對影響重尾性操作風險度量偏差的因素進行歸納。實際上，重尾性操作風險度量偏差的影響因素很複雜，目前業界

和理論界還在不斷研究，因此，該研究將隨著實踐和理論研究的深入不斷得到完善；另外，針對某一影響因素，影響程度到底有多大，這是一個有待進一步深入研究的具體問題。

（2）本書僅研究了不確定性傳遞系數變動對度量精度的影響，實際上，不僅形狀參數、尺度參數以及頻數參數的標準差變動將影響操作風險度量精度，而且三個特徵參數間的相關性也將影響度量精度。這些因素怎樣影響度量精度，考慮這些因素後本書結論該有怎樣的修正，是值得深入探討的問題。

（3）在操作風險關鍵管理參數判別模型基礎上，怎樣建立模型將操作風險度量模型和管理模型整合在一個模型中，並進一步建立操作風險的動態管理系統，是一個有待進一步展開的問題。

（4）對於損失強度分佈模型的選擇問題，本書僅以仿真方法進行了分析，能否以及怎樣從理論上進行探討有待進一步研究。在實踐中，從操作風險管理系統靈敏度的角度與從擬合優度角度選擇損失強度分佈模型，可能會使度量結果產生差異，此時該如何進行抉擇，這些問題都是值得深入探討的。

（5）本書僅在極值模型中，選擇了兩種典型重尾性分佈來進行研究。由於隨著操作風險狀況的不斷變化，損失強度分佈模型可能從一種分佈變為另一種分佈，因此，在某種意義上說，本書的研究僅是一種對重尾性操作風險的度量精度與管理的示例性研究，不是很全面。因此，能否歸納出具有一般性的重尾分佈模型，對重尾性操作風險的度量精度與管理問題進行一般性研究，將更加具有理論意義和現實意義。

參考文獻

[1] Power M. The Invention of Operational Risk[J]. The University of New South Wales, 2003 (2): 3-4.

[2] 顧京圃. 中國商業銀行操作風險管理[M]. 北京：中國金融出版社, 2006.

[3] Basel Committee on Banking Supervision. International Convergence of Capital Measurement and Capital Standards: A Revised Framework[S]. Basel: Bank for International Settlements, 2004: 6.

[4] Shih J, Samad-Khan A H, Medapa P. Is the Size of an Operational Loss Related to Firm Size?[J]. Operational Risk, 2000, 2 (1): 21-22.

[5] Bühlmann H. Mathematical Methods in Risk Theory[M]. Heidelberg: Springer-Verlag, 1970.

[6] Basel Committee on Banking Supervision. Operational Risk[R]. Basel: Bank for International Settlements, 2001.

[7] Jorion P. Value at Risk[M]. New York: McGraw-Hill, 2001.

[8] Frachot A, Georges P, Roncalliy T. Loss Distribution Approach for Operational Risk[J]. (2001-04-25) [2016-01-02]. http://papers.ssrn.com.

[9] Federal Reserve System, Office of the Comptroller of the Currency, Office of Thrift Supervision and Federal Deposit Insurance Corporation. Results of the 2004 Loss Data Collection Exercise for Operational Risk[Z]. [S. l.; s. n.], 2005.

[10] 麥克爾·哈本斯克, 勞埃德·哈丁. 損失分佈方法[M]. 陳林龍, 等,

譯//亞歷山大. 商業銀行操作風險. 北京：中國金融出版社，2005：181-206.

[11] 麥克爾·哈本斯克. 操作風險管理框架[M]. 陳林龍，等，譯//亞歷山大. 商業銀行操作風險. 北京：中國金融出版社，2005：257-278.

[12] 安森尼·帕什. 運用模型管理操作風險[M]. 陳林龍，等，譯//亞歷山大. 商業銀行操作風險. 北京：中國金融出版社，2005：279-304.

[13] Frachot A, Roncalli T. Mixing Internal and External Data for Managing Operational Risk[R]. [S.l.]：Credit Lyonnais, 2002.

[14] Baud N, Frachot A, Roncalli T. Internal Data, External Data and Consortium Data for Operational Risk Measurement：How to Pool Data Properly?[R]. [S.l.]：Credit Lyonnais, 2002.

[15] Baud N, Frachot A, Roncalli T. How to Avoid Over-estimating Capital Charge for Operational Risk?[R]. [S.l.：s.n.], 2003.

[16] Frachot A, Roncalli T, Salomon E. The Correlation Problem in Operational Risk[R]. [S.l.]：Credit Lyonnais, 2004.

[17] Frachot A, Moudoulaud O, Roncalli T. Loss Distribution Approach in Pratice, in Micheal Ong, The Basel Handbook：A Guide for Financial Practitioners [M]. [S.l.：s.n.], 2007：503-565.

[18] Aue F, Kalkbrener M. LDA at Work[R]. [S.l.：s.n.], 2007.

[19] Hartung T. Operational Risks：Modelling and Quantifying the Impact of Insurance Solutions[R]. Munich：Ludwig-Maximilians-University Munich, 2004.

[20] Na H S. Analysing and Scaling Operational Risk[D]. Rotterdam：Erasmus University Rotterdam, 2004.

[21] Na H S, Miranda L C, van den Berg J, Leipoldt M. Data Scaling for Operational Risk Modelling[C]. [S.l.：s.n.], 2005.

[22] Na H S, Van Den Berg J, Miranda L C, Leipoldt M. An Econometric Model to Scale Operational Losses[J]. Operational Risk, 2006, 1（2）：11-31.

[23] Kalhoff A, Marcus H. Operational Risk-Management Based on the Current Loss Data Situation, Operational Risk Modelling and Analysis[M]. [S.l.：s.n.], 2004.

[24] 史道濟. 實用極值統計方法[M]. 天津：天津科學技術出版社, 2006.

[25] Bortkiewicz L Von. Variationsbreite und mittlerer Fehler[J]. Berlin Math. Ges. Sitzungsber, 1921, 21: 3-11.

[26] Mises R von. Uber die Variationsbreite einer Beobachtungsreihe[J]. Berlin Math. Ges. Sitzungsber, 1923, 22: 3-8.

[27] Dodd E L. The Greatest and Least Variate Under General Laws of Error[J]. Trans. Amer. Math. Soc, 1923, 25: 525-539.

[28] Tippett L H C. On the Ectreme Individuals and the Range of Samples Taken From a Normal Population[J]. Biometrika, 1925, 17: 364-387.

[29] Frechet M. Sur la loi de probabilité de l'écart maximum[J]. Ann. Soc. Polon. Math. Cracovie, 1927, 6: 93-116.

[30] Fisher R A, Tippett L H C. Limiting Forms of the Frequency Distributions of the Largest of Smallest Member of a Sample[J]. Proc. Camb. Phil. Soc, 1928, 24: 180-190.

[31] Mises R von. La distribution de la plus grande de n valeurs[J]. Rev. Math. Union Interbalk, 1936, 1: 141-160.

[32] Gnedenko B. Sur la distribution limite du terme d'une série alèatoire[J]. Ann. Math., 1943, 44: 423-453.

[33] Hann L D. On Regular Variation and its Application to the Weak Convergence of Sample Extremes[J]. Mathematical Centre Tracts, 1970, 32.

[34] Hann L D. A Form of Regular Variation and its Application to the Domain of Attraction of the Double Exponential[J]. Z. Wahrsch. Geb, 1971, 17: 241-258.

[35] Gumbel E J. Statistics of Extremes[M]. New York: Columbia University Press, 1958.

[36] David H A. Order Statistics[M]. 2nd edition. New York: Wiley, 1981.

[37] Barry C Arnold, Balakrishnan N, Nagaraja H N. A First Course in Order Statistics[M]. New York: Wiley, 1992.

[38] Leadbetter M R, Lindgren G, Rootzen H. Extremes and Related Properties of Random Sequences and Processes[M]. New York: Springer-Verlag, 1983.

[39] Galambos J. The Asymptotic Theory of Extreme Order Statistics[M]. 2nd edition. Florida: Krieger, 1987.

[40] Resnick S I. Extreme Values, Regular Variation and Point Processes [M]. New York: Springer-Verlag, 1987.

[41] Reiss R-D. Approximate Distributions of Order Statistics: With Applications to Nonparametric Statistics[M]. New York: Springer-Verlag, 1989.

[42] Beirlant J, Vynckier P, Teugels J L P. Practical Analysis of Extreme Values[M]. Leuven: leuven University Press, 1996.

[43] Kotz S, Nadarajah S. Extreme Value Distributions: Theory and Applications[M]. London: Imperial College Press, 2000.

[44] Reiss R-D, Thomas M. Statistical Analysis of Extreme Value with Applications to Insurance, Finance, Hydrology and other Fields[M]. Berlin: Birkhauser, 2001.

[45] Coles S. An Introduction to Statistical Modeling of Extreme Values[M]. London: Springer, 2001.

[46] Pickands J. Statistical Inference Using Extreme Order-statistics[M]. [S.l.]: Ann. Statist, 1975.

[47] Davison S. A Review of Adhesives and Consolidants Used on Glass Antiquities, In Adhesives and Consolidants[M]. London: International Institute for the Conservation of Historic and Artistic Works, 1984: 191-94.

[48] Smith R L. Threshold Methods for Sample Extremes[J]. Statistical Extremes and Applications, 1984: 621-638.

[49] Smith R L. Maximum Likelihood Estimation in a Class of Non-regular Cases[J]. Biometrika, 1985, 72: 67-90.

[50] Van Montfort M A J, Witter J V. Testing Exponentiality Against Generalized Pareto Distributions[J]. J. Hydrol, 1985, 78 (3/4): 305-315.

[51] Weibull W. A Statistical Theory of Strength of Materials[C]. [S.l.: s.n.], 1939: 151.

[52] Weibull W. A Statistical Distribution of Wide Applicability[J]. J. Appl.

Mechanics, 1951, 18: 293-297.

[53] Kinnison R. Applied Extreme Value Statistics[M]. [S.l.]: Battelle Press, 1985.

[54] Castillo E. Extreme Value Theory in Engineering[M]. San Diego: Academic Press, 1988.

[55] Embrechts P, Klüppelberg C, Mikosch T. Modelling Extremal Events for Insurance and Finance[M]. Berlin: Springer, 1997: 705-729.

[56] Finkelstadt B, Rootzen H. Extreme Values in Finance, Telecommunications, and the Environment Boca Raton[M]. Florida: Chapman & Hall/CRC press, 2003.

[57] Beirlant J, Goegebeur Y, Segers J, et al. Statistics of Extremes: Theory and Applications[M]. New York: John Wiley & Sons, 2004.

[58] Dupuis D J. Exceedanecs over High Thresholds: a Guide to Threshold Selection[J]. Extreme, 1998, 3 (1): 251-261.

[59] Beirlant J, Vynckier P, Teugels J L. Tail Index Estimation, Pareto Quantile Plots, and Regression Diagnostics[J]. J. Amer. Statist. Assoc, 1996, 91: 1659-1667.

[60] Beirlant J, Dierckx G, Guillou A, et al. On Exponential Representations of Log-spacings of Extreme Order Statistics[J]. Extremes, 2002, 5: 157-180.

[61] Danielsson J, de Haan L, Peng L, et al. Using Bootstrap Method to Choose the Sample Fraction in Tail Index Estimation[J]. Journal of Multivariate Analysis, 2001, 76: 226-248.

[62] Guillou A, Hall P. A Diagnostic for Selecting the Threshold in Extreme Value Analysis[J]. J. Roy. Statist. Soc: Ser. B, 2001, 63: 293-305.

[63] Ferreira A. Optimal Asymptotic Estimation of Small Exceedance Probabilities[J]. J. Statist. Plann. Inference, 2002, 53: 83-102.

[64] Matthys G, Beirlant J. Estimating the Extreme Value Index and High Quantiles with Exponential Regression models[J]. Statistica sinica, 2003, 13 (3): 853-880.

[65] Resnick S, Stărică C. Smoothing the Moment Estimator of the Extreme Value. Parameter[J]. Extremes, 1999, 1 (3): 263-293.

[66] Huisman R, Koedijk K G, Kool C J M, et al. Tail-index Estimates in Small Sample[J]. Journal of Business & Economic Statistics, 2001, 19 (1): 208-216.

[67] Groeneboom P, Lopuhaa H P, de Wolf P. Kernel-type Estimators for the Extreme Value Index[J]. Ann. Statist, 2003, 31 (6): 1956-1995.

[68] Brazauskas V, Serfling R. Favorable Estimators for Fitting Pareto Models: A study Using Goodness-of-fit Measures with Actual Data[J]. ASTIN Bulletin, 2003, 33 (2): 365-381.

[69] Aban I B, Meerschaert M. Generalized Least Squares Estimators for the Thickness of Heavy Tails[J]. J. Stat. Plan. Inference , 2004, 119 (2): 341-352.

[70] De Haan L, Rootzén H. On the Estimation of High Quantiles[J]. J. Statist. Plann. Inference, 1993, 35: 1-13.

[71] Danielsson J, de Vries C. Tail Index and Quantile Estimation with Very High Frequency Data[J]. J. Empir. Finance, 1997, 4: 241-257.

[72] Danielsson J, de Vries C G. Beyond the Sample: Extreme Quantile and Probability Estimation[R]. [S. l.]: Tinbergen Institute Discussion Paper, 1998.

[73] Bermudez P D Z, Turkman M A, Turkman K F. A Predictive Approach to Tail Probability, Estimation[J]. Extremes, 2001, 4 (4): 295-314.

[74] Ferreira A, de Haan L, Peng L. On Optimizing the Estimation of High Quantiles of a Probability Distribution[J]. Statistics, 2003, 37 (5): 401-434.

[75] McNeil A J. Estimating the Tails of Loss Severity Distributions Using Extreme Value Theory[J]. Astin Bulletin, 1997, 27 (1): 117-137.

[76] McNeil A J, Frey R. Estimation of Tail-Related Risk Measures for Heteroscedastic Financial Time Series: An Extreme Value Approach[J]. Journal of Empirical Finance, 2000, 7: 271-300.

[77] McNeil A J, Saladin T. Developing Scenarios for Future Extreme Losses Using the POT Method[M] //Embrechts. Extremes and Integrated Risk Management.

London: Risk Books, 2000.

[78] Longin F M. From Value At Risk To Stress Testing: The Extreme Value Approach[J]. Journal of Banking and Finance, 2000 (24): 1097-1130.

[79] Smith R S. Measuring Risk with Extreme Value Theory[M] //Embrechts. Extremes and Integrated Risk Management. London: Risk Book, 2000: 19-35.

[80] Bali T. An Extreme Value Approach to Estimating Volatility and Value at Risk[J]. Journal of Business, 2003, 76 (1): 83-108.

[81] Choulakian V, Stephens M A. Goodness-of-fit Tests for the Generalized Pareto Distribution[J]. Technometrics, 2001, 43 (4): 478-484.

[82] Dietrich D, De Hann L. Testing Extreme Value Conditions[J]. Extremes, 2002, 5 (1): 71-85.

[83] King J L. Operational Risk, Measurement and Modelling[M]. New York: Wiley & Sons, 2001.

[84] Clemente A D, Romano C. A Copula-Extreme Value Theory Approach for Modelling Operational Risk[R]. [S. l.:s. n.], 2003.

[85] Embrechts P, Furrer H, Kaufmann R. Quantifying Regulatory Capital for Operational Risk[R/OL]. (2003-01-01) [2016-01-01]. http://www.gloriamundi.org/picsresources/pesrgs.pdf.

[86] Patrick F, Dejesus-Rueff V, J Jordan, et al. Capital and Risk: New Evidence on Implications of Large Operational Losses[R]. Boston: Federal Reserve Bank of Boston, 2003.

[87] Cruz M G. Operational Risk Modelling and Analysis: Theory and Practice[M]. London: Risk Waters Group, 2004.

[88] Mignola G, Ugoccioni R. Tests of Extreme Value Theory Applied to Operational Risk Data[R/OL]. (2005-09-01) [2015-11-07]. http://www.gloriamundi.org/picsresources/gmru.pdf.

[89] De Fontnouvelle P, Rosengren E. Implications of Alternative Operational Risk Modeling Techniques[R]. Boston: Federal Reserve Bank of Boston, 2004.

[90] Moscadelli M. The Modelling of Operational Risk: Experience with the Analysis of the Data Collected by the Basel Committee[R]. Roma: Banca D'Italia, 2004.

[91] Dutta K, Perry J. A Tale of Tails: an Empirical Analysis of Loss Distribution Models for Estimating Operational Risk Capital[R]. Boston: Federal Reserve Bank of Boston, 2006: 6-13.

[92] Chavez-Demoulin V, Embrechts P, Neslehova J. Quantitative Models for Operational Risk: Extremes, Dependence and Aggregation[J]. Journal of Banking & Finance, 2006, 30 (10): 2635-2658.

[93] Allen L, Bali T G. Cyclicality in Catastrophic and Operational Risk Measurements[J]. Journal of Banking & Finance, 2007, 31 (4): 1191-1235.

[94] Dionne G, Dahen H. What about Underevaluating Operational Value at Risk in the Banking Sector?[C]. [S. l.:s. n.], 2008.

[95] Chapelle A, Crama Y, Hübner G, et al. Practical Methods for Measuring and Managing Operational Risk in the Financial Sector: A Clinical Study[J]. Journal of Banking & Finance, 2008, 32 (6): 1049-1061.

[96] 田玲, 蔡秋杰. 中國商業銀行操作風險度量模型的選擇與應用[J]. 中國軟科學, 2003 (8): 38-42.

[97] 陳學華, 楊輝耀, 黃向陽. POT模型在商業銀行操作風險度量中的應用[J]. 管理科學, 2003 (1): 49-52.

[98] 樊欣, 楊曉光. 從媒體報導看中國商業銀行操作風險狀況[J]. 管理評論, 2003, 15 (11): 43-47.

[99] 樊欣, 楊曉光. 中國銀行業操作風險的蒙特卡羅模擬估計[J]. 系統工程理論與實踐, 2005 (5): 12-18.

[100] 唐國儲, 劉京軍. 損失分佈模型在操作風險中的應用分析[J]. 金融論壇, 2005 (9): 22-26.

[101] 楊旭. 多變量極值理論在銀行操作風險度量中的運用[J]. 數學的實踐與認識, 2006 (12): 22-26.

[102] 周好文, 楊旭, 聶磊. 銀行操作風險度量的實證分析[J]. 統計研究,

2006（6）：47-51.

［103］張文，張屹山. 應用極值理論度量商業銀行操作風險的實證研究[J]. 南方金融，2007（2）：12-14.

［104］高麗君，李建平，徐偉宣，等. 基於HKKP估計的商業銀行操作風險估計[J]. 系統工程，2006（6）：58-63.

［105］高麗君，李建平，徐偉宣，陳建明. 基於POT方法的商業銀行操作風險極端值估計[J]. 運籌與管理，2007（2）：112-117.

［106］姚朝. 損失分佈法對中國銀行業操作風險資本計量的實證分析[J]. 華北金融，2008（5）：23-25.

［107］Basel Committee on Banking Supervision. Operational Risk Management[R]. Basel：Risk Management Sub-group of the Basle Committee on Banking Supervision，1998.

［108］The Basel Committee on Banking Supervision. Third consultative paper（CP3）on the New Basel Capital Accord[R]. Basel：Bank for International Settlements，2003.

［109］中國銀行業監督管理委員會. 操作風險管理與監管的穩健做法[EB/OL].（2003-02）[2015-12-01]. www.cbrc.gov.cn.

［110］Financial Services Authority. CP142[R]. [S.l.]：Financial services Authority，2002.

［111］羅蘭德·肯奈特. 如何建立有效的操作風險管理框架[M]. 李雪蓮，萬志宏，譯//Robert Hübner，等. 金融風險管理譯叢——金融機構操作風險新論. 天津：南開大學出版社，2005：101-133.

［112］Alexander C. Bayesian Methods for Measuring Operational Risk[R]. Reading：Henley Business School，2000.

［113］Mashall C. Measuring and Managing Operational Risks in Financial Institution[M]. New York：Wiley & Sons，2001.

［114］Hoffman D. Managing Operational Risk：20 Firmwide Best Practice Strategies[M]. New York：Wiley & Sons，2002.

［115］卡羅爾·亞歷山大. 運用貝葉斯網路管理操作風險[M]. 陳林龍，

等,譯//卡羅爾・亞歷山大. 商業銀行操作風險. 北京:中國金融出版社,2005:305-316.

[116] Ramamurthy S, Arora H, Ghosh A. Operational Risk and Probabilistic Networks-an Application to Corporate Actions Processing[R/OL]. (2005-07)[2015-12-14]. http://www.hugin.com/cases/Finance/Infosys/oprisk.

[117] Cowell R G, Verrall R J, Yoon Y K. Modelling Operational Risk With Beyesian Networks[J]. Journal of Risk and Insurance, 2007, 74 (4): 795-827.

[118] Yasuda Y. Application of Bayesian Inference to Operational Risk Management[D]. Tsukuba: Finance University of Tsukuba, 2003.

[119] Neil M, Fenton N E, Tailor M. Using Bayesian Networks to Model Expected and Unexpected Operational Losses[J]. Risk Analysis, 2005, 25 (4): 1539-6924.

[120] Adusei-Poku K. Operational Risk Management-Implementing a Bayesian Network for Foreign Exchange and Money Market Settlement[D]. [S. l.]: Faculty of Economics and Business Administration of the University of Gäottingen, 2005.

[121] Dalla Valle L, Giudicib P. A Bayesian Approach to Estimate the Marginal Loss Distributions in Operational Risk Management[J]. Computational Statistics & Data Analysis, 2008, 52 (6): 3107-3127.

[122] 中國銀行業監督管理委員會. 關於加大防範操作風險工作力度的通知[EB/OL]. (2005-03-22) [2015-12-10]. http://www.cbrc.gov.cn.

[123] 中國銀行業監督管理委員會. 商業銀行操作風險管理指引[EB/OL]. (2007-05-14) [2015-12-10]. http://www.cbrc.gov.cn.

[124] 中國銀行業監督管理委員會. 中國銀監會關於印發《中國銀行業實施新資本協議指導意見》的通知[EB/OL]. (2007-02-28) [2015-12-12]. http://www.cbrc.gov.cn.

[125] 沈沛龍, 任若恩. 新的資本充足率框架與中國商業銀行風險管理[J]. 金融研究, 2001 (2): 80-87.

[126] 巴曙松. 巴塞爾新資本協議研究[M]. 北京:中國金融出版社, 2003.

[127] 王廷科.商業銀行引入操作風險管理的意義與策略分析[J].中國金融,2003(13):23-25.

[128] 喬立新,袁愛玲,馮英浚.建立網路銀行操作風險內部控制系統的策略[J].商業研究,2003(8):128-131.

[129] 鐘偉,王元.略論新巴塞爾協議的操作風險管理框架[J].國際金融研究,2004(4):44-51.

[130] 劉超.基於作業的商業銀行操作風險管理框架:實踐者的視角[J].金融論壇,2005(5):20-25.

[131] 厲吉斌.商業銀行操作風險管理構架體系[J].上海金融,2006(5):37-39.

[132] 厲吉斌,歐陽令南.商業銀行操作風險管理價值的理論與應用[J].求索,2006(12):12-14.

[133] 張新福,原永中.商業銀行操作風險管理體系建設研究[J].山西財經大學學報,2007,29(7):91-95.

[134] 周效東,湯書昆.金融風險新領域:操作風險度量與管理研究[J].中國軟科學,2003(12):38-42.

[135] 張吉光.防範商業銀行操作風險探析[J].濟南金融,2005(7):35-40.

[136] 閻慶民,蔡紅豔.商業銀行操作風險管理框架評價研究[J].金融研究,2006(6):61-70.

[137] 薛敏.新巴塞爾協議對建立中國商業銀行操作風險量化管理模型的啟示[J].西南金融,2007(6):20-21.

[138] 鄧超,黃波.貝葉斯網路模型在商業銀行操作風險管理中的應用[J].統計與決策,2007(4):93-95.

[139] 薄純林,王宗軍.基於貝葉斯網路的商業銀行操作風險管理[J].金融理論與實踐,2008(1):44-46.

[140] 劉家鵬,詹原瑞,劉睿.基於貝葉斯網路的銀行操作風險管理系統[J].計算機工程,2008,34(18):266-271.

[141] 莫建明,周宗放.LDA下操作風險價值的置信區間估計及敏感性

[J]. 系統工程, 2007, 25 (10): 33-39.

[142] 諶利, 莫建明. 損失分佈法下操作風險度量的不確定性[J]. 企業經濟, 2008 (6): 130-132.

[143] Jack L King. Operational Risk: Measurement and Modelling[M]. New York: John Wiley & Sons, 2001.

[144] 中華人民共和國國家質量技術監督局. 測量不確定度評定與表示: JJF1059-1999[S]. 北京: 中國計量出版社, 1999.

[145] Bocker K, KlÄuppelberg C. Operational VaR: a Closed-Form Approximation [J]. Risk of London, 2005, 18 (12): 90-93.

[146] Bocker K, Sprittulla J. Operational VAR: Meaningful Means[J]. Risk of London, 2006, 19 (12): 96-98.

[147] Bocker K. Operational Risk Analytical Results when High-severity Losses Follow a Generalized Pareto Distribution (GPD) [J]. Risk of London, 2006, 8 (4): 117-120.

[148] 歐陽資生. 極值估計在金融保險中的應用[M]. 北京: 中國經濟出版社, 2006.

[149] Kupiec P. Techniques for Verifying the Accuracy of Risk Measurement Models[J]. Journal of Derivatives, 1995, 3: 73-84.

[150] 王春峰. 金融市場風險管理[M]. 天津: 天津大學出版社, 2003: 328-347.

[151] Dowd K. Beyond Value at Risk[M]. New York: Wiley & Sons, 1998.

[152] 莫建明, 周宗放, 鄭卉. 操作風險價值置信區間長度的關鍵影響參數[C] //佚名. 第五屆風險管理國際研討會暨第六屆金融系統工程國際研討會論文集. [出版地不詳: 出版者不詳], 2008: 368-375.

[153] Mignola G, Ugoccioni R. Sources of Uncertainty in Modelling Operational Risk Losses[J]. The Journal of Operational Risk, 2006, 1 (2): 33-50.

[154] 莫建明, 周宗放. 操作風險價值及其置信區間靈敏度的仿真分析[C] //佚名. 第六屆中國管理科學與工程論壇論文集. [出版地不詳: 出版者不詳], 2008: 313-317.

[155] 茆詩松,等. 統計手冊[M]. 北京:科學出版社,2006.

[156] 莫建明,周宗放. 重尾性操作風險監控參數識別[J]. 系統工程,2008, 26 (8):65-71.

[157] Basel Committee on Banking Supervision, Risk Management Group. The Quantitative Impact Study for Operational Risk: Overview of Individual Loss Data and Lessons Learned[Z]. [S. l.;s. n.], 2002.

[158] Jian-ming MO, Zong-fang ZHOU. Optimal Selection of Loss Severity Distribution Based on LDA[C] //Anonymous. The 4th International Conference on Networked Computing and Advanced Information Management (NCM2008). [S. l.: s. n.], 2008:570-574.

國家圖書館出版品預行編目(CIP)資料

馴化黑天鵝：重尾性操作風險的度量精度與管理參數研究 /
莫建明、高翔 著. -- 第一版. -- 臺北市：崧燁文化，2018.08

　面；　　公分

ISBN 978-957-681-391-7(平裝)

1.金融機構 2.風險管理

562　　　　　107011665

書　名：馴化黑天鵝：重尾性操作風險的度量精度與管理參數研究
作　者：莫建明、高翔 著
發行人：黃振庭
出版者：崧燁文化事業有限公司
發行者：崧燁文化事業有限公司
E-mail：sonbookservice@gmail.com
粉絲頁　　　　　　　　網　址：
地　址：台北市中正區重慶南路一段六十一號八樓 815 室
8F.-815, No.61, Sec. 1, Chongqing S. Rd., Zhongzheng Dist., Taipei City 100, Taiwan (R.O.C.)
電　話：(02)2370-3310　傳　真：(02) 2370-3210
總經銷：紅螞蟻圖書有限公司
地　址：台北市內湖區舊宗路二段 121 巷 19 號
電　話：02-2795-3656　傳真：02-2795-4100　網址：
印　刷：京峯彩色印刷有限公司（京峰數位）

　　本書版權為西南財經大學出版社所有授權崧博出版事業股份有限公司獨家發行電子書繁體字版。若有其他相關權利需授權請與西南財經大學出版社聯繫，經本公司授權後方得行使相關權利。

定價：300 元

發行日期：2018 年 8 月第一版

◎ 本書以POD印製發行